Liebe und Partnerschaft mit dem inneren Schweinehund

Marco Freiherr von Münchhausen ist promovierter Jurist, Trainer, Berater und Autor mehrerer Bestseller, unter anderem *So zähmen Sie Ihren inneren Schweinehund* und *Gut und richtig leben mit dem inneren Schweinehund*. Mit den psychologischen Hindernissen auf dem Weg zu privatem und beruflichem Erfolg beschäftigt er sich seit vielen Jahren; in seinen Vorträgen, Auftritten und Büchern hat er bereits mehr als 500 000 Menschen zeigen können, wie sie ihren inneren Schweinehund zum besten Freund machen.

www.vonmuenchhausen.de

Die Diplom-Psychologin *Iris von Stosch* und ihr Mann *Johannes von Stosch*, erfahrener Managementtrainer und Coach, geben seit vielen Jahren Seminare für Paare und Singles zum Thema Liebe, Partnerschaft und Sexualität.

www.liebeleben.de

Marco von Münchhausen

unter Mitarbeit von Iris & Johannes von Stosch

Liebe und Partnerschaft mit dem inneren Schweinehund

mit Illustrationen von Gisela Aulfes

Campus Verlag
Frankfurt/New York

Bibliografische Information der Deutschen Nationalbibliothek:
Die Deutsche Nationalbibliothek verzeichnet diese Publikation in der
Deutschen Nationalbibliografie. Detaillierte bibliografische Daten
sind im Internet unter http://dnb.d-nb.de abrufbar.
ISBN 978-3-593-38779-6

Umschlaggestaltung: R. M. E, Roland Eschlbeck und Rosemarie Kreuzer
Umschlagmotiv: © Gisela Aulfes
Satz: Leingärtner, Nabburg
Druck und Bindung: CPI – Ebner & Spiegel, Ulm
Gedruckt auf säurefreiem und chlorfrei gebleichtem Papier.
Printed in Germany

Besuchen Sie uns im Internet: www.campus.de

Inhalt

Unsere Schweinehunde sind immer dabei

Einführung

7 Uhr morgens, in einem ganz normalen Haushalt. Hektisch deckt der Ehegatte den Frühstückstisch. Dann öffnet er mehrere Küchenschränke, um sie gleich darauf geräuschvoll zuklappen zu lassen. Er schnaubt, deutlich wütend, richtet sich auf, holt tief Luft und geht ins Badezimmer.

Er: »Der Kaffee ist leer!«

Jetzt positioniert sich ein merkwürdiges Doppelwesen neben ihm – ein struppiger Hund mit einem dicken Schweinekopf. Die Nackenhaare stehen ihm zu Berge. »Das darf doch nicht wahr sein!«, schnauzt der Schweinehund. »Sie hat schon wieder keinen Kaffee eingekauft. Dabei weiß sie doch, wie wichtig dir dein Kaffee am Morgen ist. Deine Bedürfnisse sind ihr offenbar egal. Du bist ihr gar nicht wichtig. Dabei rackerst du dich jeden Tag ab, um genug Geld zu verdienen, damit sie in ihrer Traumwohnung leben kann. Dabei ist dir dieser ganze Wohnungs-Schnickschnack völlig unwichtig. Sie bringt dir keine Wertschätzung entgegen. So geht es nicht weiter!«

Sie: »Wirklich?«

Ein zweites Doppelwesen tritt in Erscheinung. Dieses Mal ist es eine Schweinehündin. Sie ist etwas kleiner, wirkt durchaus zäh, zugleich aber auch scheu und verschreckt. »Dieser aggressive Ton schon wieder«, raunt die Schweinehündin. »Dabei ist er erst seit

36 Minuten auf den Beinen! Aus jeder Kleinigkeit macht er ein riesiges Theater. Er greift dich permanent an! Pass bloß auf: Er scheint dich überhaupt nicht mehr ertragen zu können. Wahrscheinlich hat er längst eine andere, mit der er sich heimlich trifft und von der er sich seinen hochheiligen Kaffee kochen lässt!«

Er: »Ja!!«
»Jetzt spielt sie auch noch die Begriffsstutzige! Meint sie denn, du merkst das nicht?«, baut sich der Schweinehund in der Küche auf. »Erst beutet sie dich und deine gutmütige Art nach Strich und Faden aus, und dann hält sie dich noch zum Narren!«

Sie: »Schau doch mal im Flurschrank nach. Da habe ich drei neue Pakete deponiert!« Sie geht ins Bad.
»Nichts kann er allein. Und wie er dich immer herumscheucht! Du gehst jetzt erst einmal ganz gemütlich unter die Dusche.«

Er: »Im Flur!!«
»Manchmal glaube ich, sie versteckt die Vorräte vor dir. Ich kann einfach keine Logik darin sehen, wo sie was aufbewahrt. Wieder ein Zeichen dafür, wie wenig es sie interessiert, dass du auch hier wohnst«, winselt der Schweinehund und stupst mit seiner feuchten Nase mitleidig die Wade seines Herrchens. Im Badezimmer plätschert Wasser.

Er: »Stehst du immer noch unter der Dusche? Du weißt doch, dass ich heute eine wichtige Präsentation halte und rechtzeitig im Büro sein muss! Erst finde ich den Kaffee nicht, dann trödelst du herum – es ist immer das Gleiche mit dir!«
»Dass ihr sogar deine Präsentation vor dem Vorstand schnurzpiepegal ist, das ist wirklich die Höhe«, regt sich das schweinsnasige Raubein in der Küche auf. »Wie kann ein Mensch derartig egozentrisch sein?«

Sie: »Ich beeile mich!«
»Jetzt bekommt er gleich den nächsten Wutausbruch. Sag irgendetwas Freundliches, um ihn zu beruhigen!« Die kleine Schweinehündin im Bad läuft nervös auf und ab.

Er: »Ach ja? Und deshalb duschst du heute doppelt so lang?«
Der Schweinehund in der Küche beginnt zu knurren und steigert sich schließlich hinein in ein ohrenbetäubendes Gebell.

Sie: »Ich sagte doch: Ich beeile mich!«
Die kleine Schweinehündin baut sich an der Badezimmertür auf und kläfft ebenfalls nach Leibeskräften.

Er: »Ich fahre jetzt los. Du kannst sehen, wie du zur Arbeit kommst.«
Er greift Autoschlüssel, Tasche und Jacke und marschiert strammen Schrittes zur Haustür – sein Schweinehund dicht hinter ihm. Laut schlägt er die Tür zu, steigt in den Wagen und braust davon, den Resonanzraum des Motors dramatisch ausnutzend. Sein struppiger Begleiter hockt zufrieden auf dem Beifahrersitz. »Der haben wir es aber gezeigt. Die glaubt wohl, sie könnte sich alles erlauben!«

Sie (schluchzend): »Ich verstehe einfach nicht, warum er mir immer wieder so weh tut. Ich versuche, ihm alles recht zu machen – und dann lässt er mich unter der Dusche stehen!«
»Beiß die Zähne zusammen«, rät die kleine Schweinehündin mit eingeklemmtem Schwanz. »Heute Abend ist sicher wieder alles ganz harmonisch.«

•

Der Schweinehund in der Liebe und in der Partnerschaft? »Das hat uns gerade noch gefehlt«, mögen Sie denken. »Kann es, bitteschön, einen Ort geben, der nicht von Schweinehunden besiedelt ist? Womöglich behaupten die Autoren jetzt auch noch, der Schweinehund säße mit im Bett!« Ja, genau das haben wir vor. Wir sind uns völlig bewusst darüber, dass es sich um ein schwieriges und im Wortsinn auch »heißes« Thema handelt. Wir nehmen es uns trotzdem vor. Denn wir beobachten jeden Tag, wie sich Paare heftig ineinander verlieben, sich den Himmel auf Erden versprechen, jäh aus Wolke Sieben abstürzen, fassungslos vor den Trümmern ihrer Liebe stehen und sich dann das Leben zur Hölle machen. Nein, nicht alle tun das – aber viel zu viele. Das tragische Moment dabei ist, dass viele Paare sich im Grunde ihres Herzens sehr lieben, auch wenn sie sich missverstehen, sich gegenseitig weh tun, beleidigen oder sogar bekriegen. Sie versuchen alles, um ihre Liebe zu retten, und verstricken sich gerade deshalb immer tiefer in einem Wust von Gefühlen und Gedanken, die für den jeweils anderen völlig unverständlich sind.

Psychologen haben diesen unguten Mechanismus ausführlich beschrieben. Wir wollen ihre Ergebnisse in unser Bild übersetzen: Das Bild vom Menschen, der auf Schritt und Tritt von seinem Schweinehund treu begleitet wird. Das kleine Untier meint es gut mit seinem Menschen und versucht mit allen Mitteln, ihn vor dem zu beschützen, wovor er am meisten Angst hat: vor dem Alleinsein oder davor, von einem anderen zu sehr vereinnahmt zu werden; vor unerwarteten Veränderungen in der Partnerschaft oder davor, dass das gemeinsame Leben zum Stillstand kommt; Angst vor Untreue oder Verantwortung; Angst, übersehen oder vernachlässigt zu werden oder alles falsch zu machen; Angst vor Ungerechtigkeit oder Unehrlichkeit; Angst vor überfordernder Anstrengung oder strenger Kontrolle – um nur einen kurzen Blick in den großen Fundus der möglichen Ängste zu werfen.

Manche dieser Ängste stammen noch aus der Zeit, als wir auf Kindesbeinen durch die Gegend stapften, begleitet von einem kleinen, aber bereits äußerst widerborstigen Schweinehundferkel (Ferkelwelpen) mit einem guten Gedächtnis für ungute Ereignisse. Sobald wir uns vom Elternhaus und damit aus unseren frühesten und für das gesamte Leben prägendsten Verbindungen lösen, versucht der Schweinehund, unsere seelischen Blessuren zu heilen. So schafft er zum Beispiel Konstellationen, in denen vertraute Erfahrungen wiederholt werden, weil er hofft, dass die Geschichte dieses Mal gut ausgeht. Oder er beeinflusst uns bei der Partnersuche, sodass wir uns einen Partner aussuchen, von dem der Schweinehund hofft, dass er früher unerfüllte Bedürfnisse nachträglich befriedigen wird.

Nun haben wir es beim Thema Partnerschaft immer mit zwei Schweinehunden zu tun. Beide verfügen über eine besonders feine Spürnase, mit der sie das besondere Profil ihres Gegenübers sofort und bis in die kleinsten Details erschnüffeln können. Nur so lässt es sich erklären, dass die treuen Begleiter ihren Menschen immer genau die Personen als Partner empfehlen, die im Nebel der Verliebtheit zunächst den Eindruck machen, alte Wunden kurieren zu können, im Lauf der Zeit aber die größten Schwierigkeiten bereiten: Wer zur Eifersucht neigt, verliebt sich in einen notorisch Untreuen, der Nörgler findet einen, der ohnehin glaubt, alles falsch zu machen, der überaus Anpassungsfähige sucht sich den Machtmenschen, der Unselbstständige jemanden, der ihn bemuttert, der diszipliniert Sparsame gerät an einen hedonistischen Verschwender.

Aber auch, wenn wir den oder die Richtige gefunden haben, sabotiert unser Schweinehund unser Beziehungsleben. Wenn sich einer der beiden Partner mit dem Zusammenziehen schwertut, wenn die Hausarbeit nur noch an einem hängenbleibt, wenn die Romantik vernachlässigt wird – dann ist unser kleiner Begleiter am Werk.

Der Schweinehund ist nicht böse und gönnt seinem Herrchen beziehungsweise Frauchen eigentlich das Glück von Herzen. Aber er ist bequem, scheut Auseinandersetzung und Veränderung und hat Angst, sich wirklich auf den anderen einzulassen – aber das sind nun einmal alles Dinge, die zu einer Beziehung dazugehören …

»Wer den Schweinehunden das Feld überlässt, ist doch selbst schuld«, mögen Sie denken. »Da muss man sich einfach zusammenreißen, die Schweinehunde überwinden, und dann ist es gut.« Ja, das wäre so schön – aber leider funktioniert es nicht so einfach. Schweinehunde lassen sich nicht besiegen. Und je mehr sie bekämpft werden, desto bissiger führen sie sich auf. Deshalb wollen wir Ihnen in diesem Buch einen anderen Weg vorschlagen: Lernen Sie Ihren eigenen Schweinehund kennen, und auch den Ihres Partners. Versuchen Sie, sich vom Jaulen und Kläffen Ihrer Schweinehunde nicht aus der Ruhe bringen zu lassen und die guten Absichten der beiden Raubeine zu verstehen. Dann werden Sie entdecken, dass Sie selbst genau an den Schweinehund-Macken Ihres Partners oder Ihrer Partnerin, die Sie absolut nicht ausstehen können, wachsen können. Und dann brauchen Sie die Erfüllung Ihrer Bedürfnisse nicht mehr Ihrem Schweinehund oder dem Schweinehund Ihres Partners zu überlassen, sondern können selbst dafür sorgen, dass Sie das bekommen, was Ihnen gut tut. Wenn Ihnen das gelingt, können Sie ganz entspannt und verbunden in tiefer und großer Liebe durchs Leben spazieren – zu viert. Dieses Buch möchte Sie auf diesem Weg unterstützen.

In Teil I erfahren Sie, warum und wie sich genau die Schweinehund-Paare anziehen, die sich gegenseitig das Leben schwer machen, und wie die Schweinehunde der Schwiegereltern das schwierige Spiel noch verkomplizieren können. Außerdem lesen Sie, was »Liebe« heißen kann und warum sie den Schweinehund heute so viel schneller auf die Palme bringt als vielleicht noch vor 100 Jahren.

Teil II stellt Ihnen die Taktiken des Schweinehund-Paares vor und zeigt, wie diese jede Situation in Sekundenschnelle in ein Fiasko verwandeln können. Hier finden Sie eine große Auswahl typischer Schweinehund-Paare – vielleicht entdecken Sie Ähnlichkeiten mit Paaren in Ihrem Familien- oder Freundeskreis. Dass Sie sich selbst ein wenig wiederfinden, ist natürlich auch nicht ausgeschlossen. Außerdem zeigen wir den typischen »Liebeslauf« eines Paares mitsamt ihren Schweinehunden. Und wir betrachten ein Thema, das in Partnerschaften immer für besonders viel Zündstoff sorgt: Sex.

Teil III zeigt Ihnen neun Wege, Ihre beiden Schweinehunde zu zähmen und zu Freunden zu machen. Begonnen damit, dass Sie sich gegenseitig so nehmen, wie Sie sind – oder anders gesagt: dass Sie aufhören, sich gegenseitig ändern zu wollen. Hier stellen wir Ihnen vor, wie wichtig kleine Gesten der Aufmerksamkeit sind, wie Schweinehunde auf Humor reagieren und wie Sie miteinander sprechen können, auch wenn Sie vor lauter Gebell Ihr eigenes Wort kaum verstehen. Außerdem gehen wir der Frage nach, wie viel Zeit und Raum eine Partnerschaft eigentlich braucht und wie es Ihnen gleichzeitig gelingen kann, in der Partnerschaft Platz für sich allein zu reservieren. Nicht zuletzt stellen wir Ihnen das Schlüsselwort vor, das jede Partnerschaft zusammenhält: Es heißt nicht »Ich« oder »Du« – sondern ganz einfach »Wir«.

Zur Sprache dieses Buchs: In einer Zeit, in der es Hausmänner und Geschäftsführerinnen gibt, Kindergärtner und Bundeskanzlerinnen, in der unverheiratete Paare jahrzehntelang zusammenbleiben und verheiratete sich im Schnitt nach 13 Jahren trennen, Frauen mit Frauen und Männer mit Männern vor das Standesamt treten können, scheint es uns ratsam, überholte Rollenklischees weder aufzuwärmen noch aufzutischen. Wir sind davon überzeugt, dass bei jedem Paar jeder Part von jedem Partner gespielt werden kann (respektive von dessen Schweinehund) und dass die Rollen im Lauf der Paarbeziehung immer wieder wechseln können. Wir sprechen

13

in diesem Buch deshalb von Paaren anstelle von Ehepaaren, weil wir verheiratete Paare genauso ansprechen möchten wie unverheiratete oder wiederverheiratete oder solche mit einer eingetragenen Partnerschaft. Und wenn wir von Schweinehunden berichten, dann meinen wir damit grundsätzlich auch den Schweinehund von Frauen. Nur an den Stellen, an denen es explizit um die Schweinehunde geht, die sich auf die Begleitung von Frauen spezialisiert haben, nennen wir sie Schweinehündinnen. Das Leben ist kompliziert genug, wir wollen es nicht noch komplizierter machen.

Teil I

Der innere Schweinehund und die Liebe

Da sitzt sie. Sie bekommen Herzklopfen. Sie spüren sich zu dieser Person so heftig hingezogen wie ein Kühlschrankmagnet zu einer Kühlschranktür. Sie wissen: Sie werden diesen Menschen kennen lernen, Sie werden sich verlieben, Sie werden zusammenkommen. Sie ahnen schon, dass es vielleicht nicht gut ausgehen wird – aber Ihr Schweinehund raunt Ihnen leise zu: »Keine Sorge. Dieses Mal wird es sicher klappen.«

Gegensätze gesellen sich gern

Kennen Sie die auf der vorigen Seite beschriebene Szene? Dann ist Ihr Schweinehund jetzt vielleicht ein wenig eingeschnappt. Er meint es doch nur gut mit Ihnen! Er möchte Ihnen ein schönes Leben bereiten und Sie vor Ängsten sowie Enttäuschungen schützen. Dabei folgt er gleichzeitig zwei Regeln, die sich eigentlich gegenseitig ausschließen.

Regel 1: Gleich und Gleich gesellt sich gern

Wenn Sie auf Partnersuche sind, achtet Ihr Schweinehund darauf, dass Ihre Interessen gut zu denen Ihres potenziellen Partners passen: Hören Sie gern Musik? Lieben Sie gutes Essen? Mögen Sie Kino? Haben Sie Spaß am Sport? Sind Sie ein Stadtmensch oder lieben Sie das Land?

Außerdem schaut er auf Ihr soziales Milieu: Kommen Sie aus einer Handwerker-Dynastie oder aus einer Unternehmerfamilie? Sind Ihre Eltern und viele Verwandte Lehrer, Förster oder Verwaltungsbeamte? Tragen Ihre Vorfahren jüngere oder ältere Adelstitel? Oder stammen Sie aus einer Künstlersippe? Ihr Schweinehund legt Wert darauf, dass Sie und Ihr potenzieller Partner einen ähnlichen Hintergrund haben. Denn das steigert die Wahrscheinlichkeit, dass Sie sich einig darüber sind, was gut, richtig und wichtig im Leben ist.

Wenn Sie zudem auch noch ähnlich aussehen – klein oder groß, schlank oder rund, blond oder brünett – und vielleicht sogar auch noch eine ähnliche Herzfrequenz haben (Ja, ganz im Ernst!), dann springt der Schweinehund vor Aufregung im Dreieck. Alles passt! Dann müsste es ja gut gehen.

Dieser Teil der schweinehündischen Partnervermittlung läuft nicht hinter Ihrem Rücken ab. Nein, Sie checken Ihr Gegenüber nach den gleichen Kriterien wie Ihr Schweinehund und arbeiten gewissermaßen Hand in Hand mit Ihrem kleinen Berater. Dirk Revenstorf, Professor für Klinische Psychologie an der Universität Tübingen, nennt dies den »bewussten Anteil« des »Beziehungsvertrags«, den Liebende miteinander eingehen: »Was die bewussten Anteile angeht, gilt das Motto ›Gleich und Gleich gesellt sich gern‹.« Daneben gibt es einen unbewussten oder unausgesprochenen Part.

Regel 2: Gegensätze ziehen sich an

Dieser zielt nicht auf die Interessen und Werthaltungen der Partner, sondern auf ihre »Bedürfnisstruktur«, so Revenstorf. Dieser Teil des Beziehungsvertrags kommt also nicht offen auf den Tisch. Etwa so, wie die über und über mit sehr kleinen, hellgrauen Buchstaben bedruckte Rückseite eines Vertrags, die Sie nicht lesen, weil Sie denken: »Das ist mir jetzt zu mühsam. Es wird schon alles in Ordnung sein.« Sie wissen zwar, dass es diese Rückseite gibt, haben aber keine Lust, sich damit zu befassen.

Auf lange Sicht führt das fast immer zu Ärger. Denn im Kleingedruckten des Beziehungsvertrags steht erstens, was sich der Schweinehund aus tiefstem Herzen von einem Partner wünscht, weil er (im Moment) nicht in der Lage ist, dies seinem Menschen selbst zu geben. Zweitens steht dort, welche Bedürfnisse jeder Schweinehund einem anderen Menschen am liebsten erfüllt – auch wenn seinem das selbst langfristig nicht gut tut. So wünscht sich der eine Schweinehund zum Beispiel eine Rundumversorgung wie früher zu Hause, der andere ist es seit jeher gewohnt, sich selbst und andere zu versorgen sowie Verantwortung zu übernehmen. Der eine hat Angst vor Entscheidungen, der andere plant gewohnheitsmäßig für die ganze Familie. Der eine hat Angst, verlassen zu werden, der andere braucht seinen Freiraum.

»Es kann den Anschein haben«, erklärt Psychologieprofessor Revenstorf, »als würde sich das Unbewusste des einen mit dem Unbewussten des anderen verabreden, etwas für die beiden Individuen zu tun, indem die jeweiligen unbewussten Anteile ihre Individuen durch eine harte Probe schicken, die sie dazu bringen kann, ihre Schwachstellen zu überprüfen.« Genau so ist es. Nur, dass wir nicht abstrakt von »unbewussten Anteilen« sprechen, sondern von ganz konkreten Schweinehunden.

Das Zusammenspiel der Schweinehunde

In der Zeit der ersten Verliebtheit funktioniert der doppelte Beziehungsvertrag ganz hervorragend: Beide Partner ergänzen sich in ihren Interessen, sprechen die gleiche Sprache, teilen die gleichen Wertvorstellungen und erfüllen jeweils freiwillig die tiefsten Bedürfnisse des anderen. Doch irgendwann, manchmal schon nach einer sehr kurzen Zeit, kippt das Modell: der Rundumversorger, der Für-alles-Verantwortliche, der Entscheider oder derjenige mit dem Klammeraffen am Hosenbein ist dann schlicht und ergreifend genervt: »Warum trage ich schon wieder die ganze Last in der Partnerschaft? Ist mein Job nicht schon stressig genug?« Sein Gegenpart ist genauso frustriert: »Warum werde ich schon wieder behandelt wie ein Kleinkind?«

Beide Schweinehunde sind enttäuscht. Da haben sie sich so viel Mühe bei der Auswahl gegeben und trotzdem wieder nur eine andere Ausgabe der gleichen Geschichte aufgetrieben. Es ist zum Verzweifeln! »Du musst dich schleunigst trennen«, kläffen sie, »ich suche dir einen neuen Partner!«. Und spüren die nächste Variante auf.

Diese Art der schweinehundgesteuerten Verstrickung hat der Schweizer Psychiater Jürg Willi schon 1975 in seinem weltweit bekannten Buch *Die Zweierbeziehung* beschrieben. Er nannte sie »Kollusion« – das heißt Zusammenspiel. Übersetzt in unser Schweinehund-Modell können Sie sich dieses Zusammenspiel so vorstellen: Beide Schweinehunde bringen den gleichen Grundkonflikt mit, gehen aber gegensätzlich damit um.

So haben zum Beispiel beide schlechte Erfahrung mit übermäßigem Leistungsdruck gemacht, woraufhin der eine mit Leistungsverweigerung reagiert, während der andere seinerseits Druck ausübt. Ein wunderbarer Nährboden für endlose Auseinandersetzungen: »Immer bist du so faul!« – »Dauernd kommandierst du mich herum!« – »Ich bin ja gezwungen, als dein Kameltreiber aufzutreten, weil du sonst überhaupt nichts auf die Reihe bringst!« – »Was bildest du dir überhaupt ein?«

Konflikte als Kitt für die Partnerschaft

Das Kleingedruckte auf der Rückseite des Beziehungsvertrags ist eine Ursache dafür, dass so viele Beziehungen scheitern: Jedes Jahr werden in Deutschland etwa 400 000 Ehen geschlossen und 200 000 geschieden. (Wie viele unverheiratete Paare sich außerdem trennen, ist natürlich nicht bekannt.)

Andererseits können die aus dem Kleingedruckten folgenden Schwierigkeiten auch genau der Kitt sein, der eine Beziehung stabilisiert. Revenstorf nennt zwei Gründe dafür: Erstens hilft ein gelegentlicher Streit dem Liebespaar, wieder einen vernünftigen Abstand zueinander herzustellen. Und zweitens führen die Reibereien um die ewig gleichen Themen dazu, dass jeder seine eigenen Sichtweisen und Strategien verteidigt. Je häufiger das geschieht, desto schlagkräftiger werden die Geschütze auf beiden Seiten, desto stärker und stabiler fühlt sich also jeder der beiden Kontrahenten.

In der Folge gibt es zwei Entwicklungsperspektiven. Entweder verhärten beide Partner ihre gegensätzlichen Positionen und geben sich einer endlosen Nerverei hin. Vielleicht schreien sie sich gegenseitig an oder werfen Tassen durch die Gegend (das wäre ein »heißer Krieg«). Oder sie verschanzen sich hinter dem Computer oder dem Bügelbrett, im Bad oder im Auto und führen einen kalten Krieg.

Das muss nicht zwingend neurotisch sein. Vielleicht geht es einfach um praktische Lebensfragen: »Wie wollen wir wohnen?« – »Welcher Kindergarten ist der beste?« – »Wer holt Oma ab?« Oder um das, was im englischen Sprachraum unter »Growing Pains« bekannt ist (und 1985 bis 1992 unter diesem Titel von einer US-amerikanischen Sitcom aufs Korn genommen wurde): Manchmal tut es einfach weh, ständig älter zu werden, sich auf neue Situationen einzustellen und immer wieder Entscheidungen zu treffen.

So lange beide Partner ihre Streitereien als mehr oder weniger lustiges Spiel erleben, sich nicht großartig darüber aufregen, während des Streits keine Sekunde an der gegenseitigen Liebe zweifeln und aus dem Scharmützel jederzeit locker aussteigen können, muss sich niemand Sorgen machen.

Das ist eines der zentralen Forschungsergebnisse von John M. Gottman. Der renommierte Beziehungsforscher und emeritierte Professor für Psychologie an der University of Washington hat in seinem »Love Lab« Hunderte von Ehepaaren beobachtet und deren Herzschlagfrequenz und Blutdruck gemessen, während sie miteinander stritten. Er ist überzeugt davon, dass »eine erfolgreiche Konfliktbewältigung nicht das ist, was eine Ehe gut macht.« Es komme nicht auf komplizierte Kommunikationstechniken an, bei denen peinlich genau auf Ich-Botschaften und Ich-höre-dich-Signale geachtet werden muss. »Eines der erstaunlichsten Ergebnisse unserer Studie ist, dass die meisten Paare, die eine glückliche Ehe führen, im Fall eines Streits höchst selten etwas tun, das auch nur im entferntesten etwas mit aktivem Zuhören zu tun hat«, schreibt Gottman in seinem Bestseller *Die 7 Geheimnisse der glücklichen Ehe.*

Sich verstricken oder entwickeln

Problematisch wird es dann, wenn die Partner ein Streitritual entwickeln, das immer und immer wieder gleich abläuft, das sie psychisch völlig fertig macht und über einen langen Zeitraum keinem der beiden »Gegner« erlaubt, aus dem Kleinkrieg auszusteigen. Dann stecken beide in einer neurotischen Verstrickung fest – oder anders gesagt: Dann haben sich die beiden Schweinehunde heillos ineinander verbissen. Der eine braucht es gewissermaßen für sein Seelenheil, dass der andere unzuverlässig ist oder unselbstständig, überfürsorglich oder dominant. Denn solange sein »Gegenstück« diese besondere Macke hat, kann er seine eigene, komplementäre Macke ungestört ausleben. Und so ärgert er sich täglich schwarz über den Schweinehund seines Partners und könnte es doch nicht ertragen, wenn er anders wäre. Es klingt völlig paradox, aber das Ich-kann-nicht-mit-dir-und-auch-nicht-ohne-dich-leben-Phänomen ist so verbreitet, dass es von der internationalen Schlagerindustrie jedes Jahr neu vertont wird.

Doch zurück zu den beiden Entwicklungsperspektiven. Sie können sich also zusammen mit Ihren beiden Schweinehunden in einer Kollusion verstricken – oder Sie schlagen den besseren Weg ein: Sie nutzen Ihre Reibereien, um Ihre Sichtweisen zu verändern oder ganz aufzugeben, sich positiv einander zuzuwenden und sich gemeinsam weiterzuentwickeln. Das ist nicht ganz einfach – aber die Liebesbeziehung bietet ideale Rahmenbedingungen: Erstens hat sich Ihr Schweinehund einen Gegenpart ausgesucht, der virtuos auf der Klaviatur Ihrer Schwachstellen zu spielen versteht. Sie wissen also spätestens jetzt, wo diese Schwachstellen verortet sind. (Wenn nicht: Hören Sie sich einfach beim Streiten zu und achten Sie auf Ihre Standardvorwürfe.) Und zweitens fühlt sich unser eigener Schweinehund in einer einigermaßen funktionierenden Liebesbeziehung ziemlich entspannt und sicher, lässt also kleine Änderungen im Handlungsrepertoire möglicherweise ohne Gegenwehr zu.

Auch Schweinehunde streiten sich mal

Grundsätzlich ist der Schweinehund natürlich überhaupt nicht einverstanden, wenn sein Mensch altbewährte Angriffs- oder Rückzugsstrategien zu verändern gedenkt. Am liebsten sitzt er auf der sicheren Seite und lehnt deshalb alles ab, was Verunsicherung mit sich bringt. Sobald sein Mensch nur über Veränderungen nachdenkt, fährt er sein gesamtes Arsenal schweinehündischer Tricks und Tücken auf, um dies zu verhindern. (Einen Blick in diese Trickkiste werfen wir in Teil II.)

Trotzdem können Sie es schaffen, sich aus dem Knäuel herauszuwinden. Sie können ganz langsam und leise beginnen, Dinge selbst zu tun, die Ihr Schweinehund am liebsten auf den Partner abschiebt (Wein entkorken, mit der Schlagbohrmaschine arbeiten, eine Fernreise planen). Und Sie können sich selbst erlauben, ein bisschen unordentlicher, ein wenig hedonistischer und nicht mehr ganz so superpünktlich zu sein. Tun Sie versuchsweise also genau das, was Sie bei Ihrem Partner nervt. Wie fühlt es sich an?

Das klappt allerdings nur dann, wenn die gegenseitige Anziehungskraft sich auf mehr gründet als auf eine gemeinsame Macke. Es muss mehr dahinter sein. »Etwas«, schreibt Revenstorf, »das Außenstehenden oft gar nicht sichtbar wird – nur dem, der liebt. Er sieht das Licht der Seele des Anderen; das, was der Andere potenziell sein könnte.« Klingt Ihnen das zu spirituell? Dann halten Sie sich an das, was Cindy Lauper 1986 hauchte:

But I see your true colours
shining through.
I see your true colours,
that's why I love you.
So don't be afraid to let them show,
your true colours,
true colours, are beautiful
like a rainbow.

Klingt das nicht schön? Ist Ihnen ein Schauer über den Rücken gelaufen? (Wenn nicht, schauen Sie sich doch bei Gelegenheit das Musikvideo an, das sicherlich irgendwo im Internet kursiert. Wenn schon nicht der schöne Text, so bewirkt doch die Ästhetik der 1980er Jahre augenblickliche Gänsehautzustände.)

Was heißt eigentlich Liebe?

Liebe – das ist ein großes Wort. Musiker besingen sie, Schriftsteller fassen sie in Worte, Künstler gießen sie in Formen und Farben – und die Psychologie versucht, sie zu messen.

Sie misst, ob es sich bei einer gegenseitigen Zuneigung eher um Liebe oder um Freundschaft handelt, um Leidenschaft oder Partnerschaft. Sie erkundet, ob die Bindung zwischen zwei Menschen sicher ist, ängstlich-ambivalent oder sogar ängstlich-vermeidend, unterscheidet und kombiniert Leidenschaft, Intimität und Verbindlichkeit. Was kommt dabei heraus? Zuweilen krude Theorien der Liebe, die dazu neigen, die romantischen, partnerschaftlichen und stabileren Varianten der Liebe als »wahr« oder »richtig« zu definieren, während sie leidenschaftlichere Liebesstile als unreif, destruktiv oder sogar »närrisch« abkanzeln.

Wir möchten es uns in diesem Buch nicht anmaßen zu unterscheiden, welche Schweinehunde uns zu »guter« oder »schlechter« Liebe verführen. Es gibt keine »richtige« oder »falsche« Liebe. Jeder erlebt Liebe anders und jeder liebt anders. Was wir wissen möchten, ist, wie die Schweinehunde unser Liebesleben beeinflussen.

Sechs Farben der Liebe

Eine Theorie der Liebe, die uns hier weiterhelfen kann, ist die des kanadischen Soziologen John A. Lee. Seit den 1970er Jahren hat der Forscher Werke der abendländischen Literatur, Philosophie, Religion und Psychologie ausgewertet, daraus mehr als 4 000 Aussagen über die Liebe destilliert und zu sechs Liebesstilen zusammengefasst. Er ordnete sie jeweils einer Farbe zu, um deutlich zu machen, dass verschiedene Stile auch zu einer neuen Farbe gemischt werden können. Zahlreiche Studien in Nord- und Südamerika, Europa und Asien konnten zeigen, dass sich Lees Liebesstile in verschiedensten Kulturen wiederfinden und dass sie sowohl bei Frauen als auch bei Männern auftreten können. Wir nehmen uns die Freiheit, die von Lee differenziert beschriebenen Liebesstile auf die Liebesstile der Schweinehunde zu übertragen.

Eros: Für mich soll's rote Rosen regnen

Der romantisch veranlagte Schweinehund wartet darauf, sich auf den ersten Blick in einen absoluten Traumtypen zu verlieben. Er träumt von sexueller Ekstase und davon, auch emotional mit dem geliebten Menschen zu verschmelzen. Aber nicht um jeden Preis. Wenn er das Ideal nicht findet, bleibt er lieber allein. Und wenn sein derzeitiger Partner sich im realen Leben als doch nicht so traumhaft erweist, will er ganz schnell Schluss machen. Der romantische Schweinehund ist sensibel, aber auch dominant. Sie erkennen ihn an folgenden Sätzen:

- »Oh, ich habe solche Sehnsucht!«
- »Mit diesem Partner hast du den besten Sex deines Lebens!«

Ludus: Ich will doch nur spielen

Dieser Schweinehund liebt das Spiel der Verführung. Er liebt die Liebe und die Lust, am liebsten mit mehreren Spielpartnern. In allzu tiefe Gefühle und Verbindlichkeiten lässt er sich gar nicht verwickeln. So bleiben ihm schmerzliche Verluste erspart, gleichzeitig behält er die Kontrolle über das Liebesspiel. Will ein Gegenspieler das Spiel in den Ernstfall verwandeln, steigt der verspielte Schweinehund sofort aus. Typischerweise ist er extrovertiert, aber auch aggressiv. Er sagt:

- »Du bist doch zu schade für einen allein!«
- »Genieße Sex mit vielen – du musst es ja niemandem beichten.«

Storge: Tausendmal ist nichts passiert

Lange, lange pflegt dieser Schweinehund eine Freundschaft, bevor er es zulässt, dass mehr daraus wird. Die Beziehung wird getragen von Vertrautheit und Verlässlichkeit, es gibt wenig Streit. Zentral ist alles, was beide Partner gemeinsam unternehmen und was sie gemeinsam interessiert. Sex spielt eine nur kleine Rolle. Deshalb kann die Liebe kaum enttäuscht, aber durchaus leidenschaftslos werden. Der freundschaftliche Schweinehund ist sehr fürsorglich, achtet aber auch auf soziale Anerkennung. Er findet:

- »Liebe ist für dich nur mit einem guten Freund möglich.«
- »Partnerschaft zählt viel mehr als Sex.«

Mania: Der besitzergreifende Schweinehund

Im Vergleich zu anderen verliebten Schweinehunden ist dieses Exemplar anstrengend, vielleicht sogar ein bisschen überdreht: Es beobachtet sein Gegenüber ängstlich und eifersüchtig und leidet unter einem Hunger nach Liebe, Zuwendung und Anerkennung, der kaum zu stillen ist. Immerhin: Geht dieser Schweinehund eine Beziehung ein, bietet er ein Höchstmaß an Intensität, Sensitivität und Expressivität. Manche mögen das. Er neigt zu folgenden Ansichten:

- »Trennung? Das geht nicht. Ohne ihn kannst du nicht leben.«
- »Dein Partner ist schuld daran, wenn es dir schlecht geht.«

Pragma: Sicherheit statt Leidenschaft

Dieser Schweinehund geht auf Nummer sicher. Er stimmt einer Liebesbeziehung nur dann zu, wenn die äußeren Rahmenbedingungen passen: Geld, Gesundheit, gutes Aussehen. Gefühl allein reicht dem pragmatischen Schweinehund als Verhandlungsgrundlage nicht aus. Er verlässt sich lieber auf Fakten und auf seinen Verstand. Er ist strukturiert und kann seine Impulse kontrollieren, handelt tendenziell aber nicht selbstbestimmt. Seine Glaubenssätze:

- »Wenn die Zukunft gesichert ist, kann deine Liebe wachsen.«
- »Wenn du dich schon verliebst, muss dein Partner auch etwas darstellen.«

Agape: Der selbstlose Schweinehund

Er gibt lieber, als er nimmt. Er erwartet nichts dafür. Alles, was dieser Schweinehund will, ist, sein Gegenüber glücklich zu machen. Der selbstlose Schweinehund geht völlig auf in seiner Fürsorge und Sensibilität für andere. Psychologen sagen, dass er seinen eigenen Hang zur Abhängigkeit nicht spüren will und deshalb andere von sich abhängig macht. Er selbst glaubt das aber nicht, sondern sagt:

- »Tue alles für deinen Partner, was wichtig für ihn ist.«
- »Liebe und Fürsorge gehören zusammen.«

Romantik steht an erster Stelle

Wie gesagt: Diese Schweinehund-Typen kommen meistens nicht »reinrassig« vor, sondern eher als bunte Promenadenmischungen. Vielleicht liebt Ihrer die freundschaftliche und zugleich selbstlose Liebe? Oder ist er pragmatisch, lebt aber gleichzeitig seine verspielte Seite aus? Weil alles möglich ist, haben Forscher sich mit der Frage befasst, welche Art der Liebe für Liebende am meisten zählt.

Das Ergebnis ist eindeutig: An erster Stelle steht die Romantik. Selbstlosigkeit, Freundschaft und Eifersucht liegen im mittleren Bereich, während pragmatischen und verspielten Liebesstilen die geringste subjektive Bedeutung zukommt.

Wer hat denn nun welchen Schweinehund?

John Lee zufolge hängt das entscheidend davon ab, wo und wie jemand aufgewachsen ist. Der zu freundschaftlicher Liebe neigende Schweinehund wuchs typischerweise in einer größeren, warmherzigen Gemeinschaft auf, während der manisch liebende auf eine eher unglückliche und einsame Kindheit zurückblickt. Dass Liebesstile nicht etwa vererbt werden, zeigt eine Studie aus den USA, bei der eineiige und zweieiige Zwillinge miteinander verglichen wurden. Die eineiigen waren sich in ihren Liebesstilen nicht ähnlicher als die genetisch unterschiedlichen Zwillinge.

Der Schweinehund als Chamäleon

Der Heidelberger Psychologe Manfred Amelang hat die Stabilität der Liebesstile untersucht. Sein Ergebnis: Wer dazu neigt, in der Liebe pragmatisch, besitzergreifend und altruistisch zu sein, der ist dies in jeder Partnerschaft. Also ganz gleich, ob er beziehungsweise sie mit Monika oder Barbara beziehungsweise Robert oder Martin zusammen ist. Dagegen hängen romantische, spielerische und freundschaftliche Liebesstile vom Partner ab. Bei einem Paar entzündet sich Romantik, entsteht Freundschaft, darf gespielt werden – beim anderen nicht.

Anderen Forschern zufolge kann sich das Wesen des Schweinehunds im Lauf der Biografie verwandeln: So wird ein Mensch als glühender 17-Jähriger vielleicht von einem manischen Schweinehund begleitet, der seine spielerische Seite bei diversen Seitensprüngen zeigt. Je älter er wird, desto freundschaftlicher und pragmatischer wird sein Schweinehund. Und nach der Geburt seiner Kinder mischt sich sogar eine Spur Selbstlosigkeit in das Schweinehund-Profil.

Bei den möglichen Farbmischungen der Liebesstile gibt es eine Daumenregel: Ist ein Schweinehund überhaupt nicht selbstlos eingestellt, dann kann er auch mit Romantik wenig anfangen, ist dafür aber auch wenig besitzergreifend. Und romantisch veranlagte Exemplare haben es wahrscheinlich nicht auf sexuelle Abenteuer abgesehen.

Wie ich dich, so du mich

Mehrere Studien konnten übereinstimmend zeigen, dass sich Partner in ihren Liebesstilen ähneln: Ist einer romantisch verliebt, schwelgt der andere tendenziell auch in romantischen Gefühlen. Zeigt sich der eine opferbereit, wird wahrscheinlich auch der andere alles tun, was den Partner glücklich macht. Das Prinzip der Gegenseitigkeit gilt auch für Menschen mit freundschaftlich und pragmatisch liebenden Schweinehunden. Dass es zwei besitzergreifende und eifersüchtige Schweinehunde schlecht miteinander aushalten, liegt nahe. »Es passiert oft, dass ein Partner davon geprägt ist, während der andere keine entsprechenden Gefühle teilt«, weiß Hans-Werner Bierhoff, Professor für Psychologie an der Ruhr-Universität Bochum. »Oft ist es die Frau, die besonders besitzergreifend liebt.« Das muss aber nicht negativ sein: »Besitzergreifende Liebe kann vor allem während der ersten Phase der Beziehungsentwicklung, wenn sich die Partner gerade kennen gelernt haben, dazu beitragen, dass die Partner ein romantisches Paar bilden und es auch bleiben.«

Männer lieben nicht anders als Frauen

Viele Wissenschaftler haben sich an der Frage die Zähne ausgebissen, ob Frauen anders lieben als Männer, und wenn ja, wie und warum. Doch die Studien zeigen, dass Frauen und Männer nicht wirklich von zwei verschiedenen Planeten (Mars und Venus) und auch nicht aus zwei verschiedenen Ländern (Romeo- und Julia-Land) stammen. Alles in allem lieben sie ziemlich ähnlich.

Nach Bierhoff kann jeder Liebesstil individuell sinnvoll und zufriedenstellend erlebt werden, solange keine Extreme (wie zum Beispiel krankhafte Eifersucht) erreicht werden. Allerdings macht er eine Einschränkung im Hinblick auf die spielerische Liebe, die dazu tendiere, das Glück in der Beziehung zu untergraben.

Die romantische Liebe bringt am meisten Glück – darin sind sich die Forscher einig. Aber auch hier, so Bierhoff, entsteht ein Problem, da diese Liebe durch die ganz normalen Alltagsanforderungen bedroht ist.

Jetzt hat der Schweinehund wahrscheinlich die Ohren gespitzt. Er kläfft los: »Wie soll überhaupt Romantik aufkommen, wenn die Kinder von morgens bis abends zu irgendwelchen Terminen gefahren werden müssen, wenn in der Küche die Geschirrstapel wuchern, wenn die Wäschekörbe überquellen, wenn ihr beide Hunderte von Überstunden macht und überhaupt nicht wisst, ob ihr nächstes Jahr überhaupt noch einen Job habt, wo ihr leben werdet und ob eure Rücklagen noch einen Pfifferling wert sind!?«

Warum das moderne Liebesleben den Schweinehund nervt

Ihr Schweinehund hat Recht: Unser modernes Leben ist kompliziert und vielen Wechseln ausgesetzt. Das stellt auch die Autorin Christiane Zschirnt in ihrem Buch über die Kunst des Scheiterns *Keine Sorge, wird schon schiefgehen* fest. »Wir wechseln unsere Partner und die dazugehörigen Familienmitglieder, unseren Arbeitsplatz und, wenn nötig, auch unseren Beruf, und wir sind jederzeit bereit, die Stadt zu wechseln, oder das Land, um unsere Zelte irgendwo anders aufzuschlagen, falls es die Liebe oder die Arbeit erfordern sollten.« Normalerweise könnten wir das ganz gut aushalten, meint die Autorin. Schließlich seien wir ja moderne Menschen.

Das »Stufenalter« von Mann und Frau

Nur haben wir leider einen ziemlich altmodischen Schweinehund im Gepäck. Er mag dieses moderne Hin und Her nicht. Es macht ihm Angst. Schließlich hat er die Aufgabe, jede Unbill von seinem Menschen fernzuhalten, und das geht am besten, wenn nicht allzu viel Neues auf ebendiesen einstürzt. Am liebsten würde der Schweinehund zu der Vorstellung zurückkehren, die vom 18. Jahrhundert bis in die 50er Jahre des 20. Jahrhunderts in der bürgerlichen Gesellschaft kursierte: Man stellte sich das Leben als ein Treppchen vor, das man zunächst hinauf und in der zweiten Lebenshälfte wieder hinabzusteigen hatte. Auf jeder Stufe, so Zschirnt, stand eine bestimmte soziale Rolle bereit, in die man hineinschlüpfen konnte beziehungsweise musste: »Der Mann warb als Jüngling um eine Frau, wurde, sobald er Kinder gezeugt hatte, mit dreißig Jahren ›zum Mann‹, hatte mit vierzig erreicht, was er erreichen konnte, und stand mit fünfzig auf dem Gipfel seines Schaffens. In der Mitte des Lebens war ein ansehnlicher Zenit erreicht, und von nun an ging es mit Würde wieder bergab, recht gemächlich, Stufe für Stufe, ganz so, wie das Alter den Körper zu beugen und den Geist in Mitleidenschaft zu ziehen begann. Das Stufenalter der Frau war durch die Mutterschaft geprägt und ließ kaum mehr als die Beschäftigung mit Kindern zu. Sie war erst potenziell Gebärende, dann Mutter, schließlich Großmutter.«

So einfach war das – zumindest im Modell. Bei einem so überschaubaren Lebensplan konnte sich der Schweinehund ganz gemütlich ins Körbchen legen. Es konnte schließlich kaum etwas schiefgehen!

Heiraten? Warum denn?

Heute ist alles anders. Die Ehe ist nicht mehr der Hafen, in den man zwingend einfahren muss. Die Zeiten sind seit 1961 vorbei, dem Jahr, in dem die Statistiker in Deutschland fast 700 000 Eheschließungen verzeichneten. Während der wilden 1960er und 1970er Jahre stürzte die Zahl auf rund 470 000 (1978), stieg dann bis 1990 noch einmal leicht an, um seitdem kontinuierlich in den Keller zu sinken. Im Jahr 2007 traten nur noch 370 000 Paare vor das Standesamt, Tendenz weiter fallend.

Gleichzeitig steigt die Zahl der nicht ehelichen Lebensgemeinschaften: 2007 gab es in Deutschland rund 2,4 Millionen, das ist rund ein Drittel mehr als 1996 (plus 34 Prozent).

Und nicht nur das: In Deutschland gibt es auch immer mehr Singles. Besonders hoch ist der Anteil der Einpersonenhaushalte in Stadtstaaten wie Hamburg oder Berlin. Im Jahr 2007 lebte in Berlin in jedem zweiten Haushalt nur eine Person, während der Anteil der Einpersonenhaushalte in den Flächenländern 35 bis 41 Prozent betrug. Die Statistiker gehen davon aus, dass der Anteil der Singles in den Städten und auf dem Land weiter steigt.

Frauen gehen ihren eigenen Weg

Heiraten oder nicht, eine Partnerschaft eintragen lassen, zusammen leben oder allein – heute ist alles erlaubt.

Insbesondere Frauen sind gar nicht mehr so erpicht darauf, auf klassischem Weg unter die Haube zu kommen. In einer Befragung von 700 »nur liierten« Frauen winkte ein Viertel ab, als die US-amerikanische Soziologie-Professorin Pamela Smock sie fragen ließ, ob sie heiraten wollen. Einkommen und Bildung spielten dabei die entscheidende Rolle: Die Hälfte der Frauen, die mehr verdienten und besser ausgebildet waren als ihr Partner, wollten nicht heiraten. Waren Frauen mit einem »gleichwertigen« Partner zusammen, drängte es allerdings 80 Prozent von ihnen in die Ehe.

Im Unterschied zu früheren Generationen sind Frauen heute finanziell unabhängiger, sie sind daher eher gewillt und in der Lage, eine Beziehung zu beenden. Die Scheidungsrate in Deutschland sinkt zwar derzeit (2007 wurden von 1 000 bestehenden Ehen zehn geschieden, 2002 bis 2005 waren es elf), und die durchschnittliche Ehedauer steigt an (2007 betrug sie bei Scheidung 13,9 Jahre, 1990 nur 11,5 Jahre). Dennoch ist es bemerkenswert, dass Frauen viel häufiger einen Scheidungsantrag stellen als Männer (55,1 Prozent Frauen im Jahr 2007, dagegen nur 36,3 Prozent Männer).

Diese neue Freiheit der Frauen ist für die männlichen Schweinehunde gar nicht so leicht zu ertragen. »Sie könnte jederzeit gehen«, sorgt sich seiner, während ihre Schweinehündin möglicherweise immer wieder zwischen der vermeintlichen Sicherheit der Ehe und der verlockenden Unabhängigkeit eines Großstadt-Singlelebens schwankt, sich aber gleichzeitig auch vor der Freiheit und dem Alleinsein fürchtet.

Was lernen wir also aus Forschung und Statistik? Schweinehunde erschnüffeln sich gegenseitig sehr gründlich. Instinktiv wählen sie einen Partner, der auf den gleichen Grundkonflikt anspringt wie sie selbst und der außerdem einen ähnlichen Liebesstil bevorzugt. Das kann gut gehen, muss aber nicht.

Wenn sich beide Partner in einem Knäuel aus Vorwürfen verstricken, sich auf das Niveau eines unselbstständigen Kindes zurückfallen oder in die Rolle des Retters drängen lassen und aus ihrem Kleinkrieg nicht mehr herausfinden – dann haben ihre Schweinehunde es zwar gut gemeint, blockieren aber die Wendung hin zu einem Happy End.

Wenn aber Liebe heißt, dass beide Partner wachsen und sich entwickeln können und dass keiner sich einschränken oder verleugnen muss – dann kann Partnerschaft gelingen und glücklich machen. Leider ist das unter den heutigen Rahmenbedingungen schwieriger als je zuvor: Je mehr unser Lebenslauf durch Zufälle und Brüche, Rückschläge und Neuanfänge bestimmt wird, desto mehr stehen unseren Schweinehunden die Nackenhaare zu Berge. Sie kommen gar nicht mehr dazu, sich mal in einen ruhigen Winkel zurückzuziehen, weil sie permanent in Hab-Acht-Stellung stehen: »Wo ändert sich wieder was?« – »Von wem werden neue Ansprüche gestellt?« – »Wer verhält sich anders als gewohnt?«

Sobald sie irgendeine Art von Verunsicherung wittern, veranstalten sie einen Riesenzirkus: Sie stellen sich quer, sie geben sich blöd, sie tun gebrechlich, sie infizieren ihren Menschen mit Aufschieberitis, sie positionieren überall Banner mit Aufschriften wie »Warum gerade ich?« oder »Das machen andere doch auch nicht!«.

Diesen Zirkus schauen wir uns im folgenden Teil näher an. Außerdem betrachten wir typische Schweinehund-Paarungen und wagen einen Blick auf die ausgebufften Tricks und Tücken, mit denen Schweinehunde die schönsten Liebesläufe und das ganz alltägliche Liebesleben torpedieren können.

Teil II

Taktiken, Typen und Tummelplätze der Schweinehunde

Bei so profanen Vorhaben wie Abnehmen oder Entrümpeln können Sie den Schweinehund relativ leicht in den Griff bekommen, weil Sie messbare Ergebnisse vor Augen haben. Wenn es aber um die großen Themen Liebe und Partnerschaft geht, ist das nicht so einfach. Oder haben Sie eine Idee, wie Sie das Glück Ihrer Liebe messen können? Wir auch nicht. Aber wir bieten Ihnen Folgendes an: Schauen wir gemeinsam in die Trickkiste der Schweinehunde – wahrscheinlich erkennen Sie die Manöver Ihres eigenen Exemplars recht schnell wieder. Lassen Sie uns dann gemeinsam die typischsten Schweinehund-Paare kennen lernen und sehen, wo und warum es bei ihnen »klemmt«. Auch hier werden Sie schnell Parallelen finden. Anschließend spüren wir gemeinsam die beliebtesten Schweinehund-Tummelplätze im Alltag auf.

Keine Sorge, lesen Sie diese Kapitel ruhig gemeinsam mit Ihrem Schweinehund: Wir stellen Taktiken, Typen und Tummelplätze so überspitzt dar, dass Sie gemeinsam etwas zu lachen haben.

So taktieren die Partner-Schweinehunde

Es soll ja überzeugte Singles geben, die überhaupt nichts mit Partnern oder Partnerschaften am Hut haben wollen. Was immer dahinter stecken mag (Egozentrismus, Zeitmangel, Überzeugung) – wir nehmen an, Sie gehören nicht dazu. Sonst hätten Sie dieses Buch wahrscheinlich auch nicht aufgeschlagen.

Gehen wir also davon aus, dass Sie in einer Partnerschaft leben oder gelebt haben und dass es in Ihrem Freundeskreis, in Ihrer Familie, in der Nachbarschaft und im Job von Paaren nur so wimmelt. Setzen Sie jetzt einige dieser Paare vor Ihrem inneren Auge auf ein Sofa: Den Chef mit seiner Frau, Ihre Lieblingsnachbarn, die Musiklehrerin mit ihrem Mann, frisch verliebte Paare, Paare, die schon sehr lange zusammen sind, Paare wie Elke und Anke, die sich just offiziell verpartnerschaftet haben. Und? Sind welche dabei, die sich in ihren Macken so wunderbar ergänzen, wie in Teil I beschrieben? Bei einigen ist das Phänomen ganz deutlich zu beobachten, bei anderen fällt es vielleicht kaum auf. Möglicherweise kennen Sie so ein ähnliches Paar wie das folgende:

Martin ist ein äußerst liebenswerter und sehr attraktiver, junger Mann. Leider neigt er dazu, Termine zu verschwitzen, seine Sachen zu verschusseln, Abmachungen nicht einzuhalten und zu vergessen, wo im wild zugeparkten Stadtteil er sein Auto abgestellt hat. Vielleicht hat er nie gelernt, sich selbst zu organisieren, weil er zu Hause mit Abstand der Jüngste und noch dazu der einzige Sohn war. Seine

39

Mutter und die älteren Schwestern liebten ihn sehr und dachten ständig für ihn mit. Inzwischen hat Martin eine sehr nette Partnerin gefunden. Mia führt seinen Terminkalender und erinnert ihn täglich an vieles, was zu erledigen ist. Sie ist sehr früh von zu Hause ausgezogen und auf eigene Faust ins Ausland gegangen. Es fällt ihr leicht, den Überblick über ihre und seine Termine und über den gemeinsamen Haushalt zu behalten.

Doch manchmal sind beide genervt: Sie, weil sie eigentlich andere Dinge zu tun hat, als die Managerin ihres Partners zu spielen (ganz zu schweigen davon, immer wieder das Auto zu suchen), und er, weil sein Selbstbewusstsein darunter leidet, dass er sein Leben nicht allein auf die Reihe bekommt. Beide wollen, dass sich die Situation ändert. Und doch fallen sie immer wieder zurück in ihr altes Muster: »Er hat seine Termine nicht im Griff, du musst ihm helfen«, sorgt sich ihre Schweinehündin. Sein Schweinehund sagt: »Vergiss es! Du schaffst es sowieso nicht.« Und so bleibt alles beim Alten.

Kommt Ihnen dieses Zusammenspiel bekannt vor? Es gibt unzählige Spielarten, und einige davon wollen wir im Lauf dieses Kapitels näher kennen lernen. Sehr häufig ist beiden Partnern durchaus bewusst, dass sie sich gemeinsam in ein ungutes Spiel verrannt haben. Trotzdem können sie nicht damit aufhören.

Warum? Ihre Schweinehunde wollen es nicht, denn der Ausstieg aus dem gemeinsamen Spiel macht ihnen Angst. »Hilfe!«, winselt seiner sorgenvoll, »wenn du dein Leben selbst in die Hand nimmst, dann kümmert sich vielleicht niemand mehr um dich. Dann bist du ganz allein und musst plötzlich ganz viel Verantwortung übernehmen! Nein, lieber soll alles genau so bleiben, wie es jetzt ist. Mia macht ihren Job doch ganz prima!«.

»Ja, stimmt genau!«, pflichtet die pflichtbewusste Schweinehündin ihm bei. »Ohne uns läuft gar nichts. Und das ist auch gut so, denn so wissen wir immer, was Martin macht. Wir haben die Fäden in der Hand und alles unter Kontrolle.«

So lange Martin und Mia das Spiel ihrer Schweinehunde nicht durchschauen, können sie sich nicht aus der gemeinsamen Verstrickung lösen. Wenn sie aber beginnen, ihren kleinen Begleitern genau zuzuhören, und verstehen, warum sie so große Angst vor Veränderungen haben, kann es ihnen gelingen, sich Stück für Stück aus dem Knoten zu befreien.

Lösbare und unlösbare Knoten

Leider lässt sich nicht jeder Knoten lösen. Der US-amerikanische Paarexperte John Gottman hat herausgefunden, dass es sich bei 69 Prozent der Konflikte in Partnerschaften um solche handelt, die über Jahre bestehen bleiben. Er hat außerdem versucht, »lösbare« von »nicht lösbaren« Problemen in der Partnerschaft zu trennen. Das werden wir hier auch tun, weil wir je nach Problemtyp unterschiedlich mit den Schweinehunden umgehen müssen.

Lösbare Probleme: Beschließt ein Paar gemeinsam, eingespielte Handlungsmuster und Gewohnheiten zu ändern, starten die Schweinehunde sofort mit ihren Sabotageaktionen. Diese lassen sich aber relativ leicht durchschauen – dazu gleich mehr. Grundsätzlich ist es möglich, die gewünschte Veränderung (nach einiger Überzeugungsarbeit) Hand in Hand mit den Schweinehunden zu erreichen. Zu den veränderbaren Mustern gehören zum Beispiel die Organisation der gemeinsamen Freizeit oder des Haushalts, die Verteilung der Rollen und Aufgaben, der Umgang mit Zeit und Geld. Auch einige psychische Muster wie etwa Angst vor Autonomie oder der Hang zu übermäßiger Kontrolle lassen sich verändern – mit großer Behutsamkeit, viel Geduld und gegebenenfalls professioneller Hilfe.

Nicht lösbare Probleme: Daneben bestehen Differenzen zwischen Partnern, die nur schwer oder überhaupt nicht zu überwinden sind. Dazu gehören unterschiedliche Bedürfnisse wie etwa nach Nähe oder Distanz zum anderen oder nach viel oder wenig Sexualität, verschiedene Temperamente oder unterschiedliche Wertvorstellungen.

Auch hier gehen die Schweinehunde auf die Barrikaden und bellen: »Der Partner soll sich ändern! Er soll so sein, wie ich ihn haben will!« Aber hier geht es nicht darum, dass wir den Partner und seinen Schweinehund ändern. Ihr Partner hat, genau wie Sie, das Recht, so zu sein und zu bleiben wie er ist. Ihrem Schweinehund bleibt nichts anderes übrig, als zu lernen, das auszuhalten. Und das ist genau die Veränderung, um die es in diesem Fall geht: Sie betrifft nicht Ihren Partner und Sie, sondern nur Sie allein. Ihr Schweinehund wird alles andere als begeistert sein, das ist klar. Schließlich verfügt er über ein sorgfältig ausgearbeitetes Portfolio an Argumenten zum Thema »Wenn dein Partner nur anders wäre, dann hättest du eine total gute Beziehung!«. So schnell wird er seine Position nicht aufgeben, vielmehr wird er Sie immer wieder auf Ihren alten Standpunkt zurückzerren wollen. Aber Sie können es schaffen. Sie können Ihre Haltung gegenüber Ihrem Partner ändern.

Laut John Gottman muss ein Paar nicht zwangsläufig seine wichtigsten Probleme lösen, damit die Beziehung gut läuft. Es reicht zu lernen, damit zu leben und es mit Humor zu nehmen. Wenn Sie sich im Grunde ihres Herzens lieben, dann wird Ihnen das wahrscheinlich gar nicht schwer fallen. Wirklich problematisch wird Ihr nicht lösbares Problem erst dann, wenn Sie sich gegenseitig bereits so sehr an den Nerven gesägt haben, dass Ihnen das Lachen vergangen ist. Und wenn Sie Ihr Gegenüber eigentlich für einen Trottel oder eine Versagerin halten. Wo es keine gegenseitige Wertschätzung mehr gibt, da tanzen die Schweinehunde auf den Tischen. Eine Partnerschaft dann noch zu retten, ist ziemlich schwer – aber auch das kann gelingen.

Die beliebtesten Anti-Veränderungstaktiken

Nehmen wir uns nun die 31 Prozent der Partnerschaftsprobleme vor, die sich tatsächlich ändern lassen, und die 69 Prozent der Partnerschaftsprobleme, die eine Änderung Ihrer Haltung gegenüber Ihrem Partner erfordern. Wenn uns die Schweinehunde sie nur ändern ließen! Unsere kleinen Begleiter haben sich nämlich darauf spezialisiert, Veränderungen zu torpedieren.

So stört Sie der Schweinehund noch vor der Veränderung

Weil die Schweinehunde dabei besonders gründlich vorgehen, haben sie ein dreistufiges Abwehrmodell ersonnen. Das tückische daran: Es greift bereits, bevor Sie sich überhaupt zu einer Änderung entschlossen haben. Wie das sein kann? Ihr Schweinehund putzt Ihnen (pardon für dieses drastische Bild) regelmäßig die Hirnwindungen, um neue Gedanken schon im Keim zu ersticken. Das ist Prophylaxe auf Schweinehund-Art. Damit sich neue Ideen erst gar nicht festsetzen können, hinterlässt der Schweinehund an jeder Biegung ein ätzendes Sätzchen: »Das ist doch Unsinn.« Oder: »Damit machst du dich doch lächerlich.« Die Sätze sind winzig, ihre Wirkung aber durchschlagend. Wo sie fallen, untergraben sie jeglichen Mut, jeden Optimismus und alles, was irgendwie mit Durchhaltewillen zu tun hat. Schauen wir uns diese Sätze und die entsprechenden Taktiken nun näher an.

Taktik der Unmöglichkeit

Diese Taktik ist ganz leicht zu durchschauen. Um uns zu entmutigen, bezeichnet der Schweinehund unser Vorhaben schlicht und ergreifend als unmöglich. »Ja, stimmt!«, denken wir dann. Und: »Wir sind doch nicht blöd!« Also verschwenden wir keine Zeit und verabschieden uns von unserem schönen Vorhaben, während der Schweinehund uns bestätigt:

- »Das schaffst du nie!«
- »Vergiss es. Das kann mit euch beiden gar nicht klappen.«
- »Du kannst einfach keine funktionierende Beziehung führen, und das weißt du auch.«

Tarnkappen-Taktik

Diese Taktik ist schwerer zu durchschauen, weil sie in einem noblen Kostüm daherkommt. Wer zum Beispiel zahlreiche Tätigkeiten unter dem Deckmantel der Pflichterfüllung verbucht, wird hierzulande hoch geschätzt – das gilt vor allem für Männer. So ein Handeln hat dann überhaupt nichts Schweinehund-Verdächtiges. Weibliche Schweinehunde verstecken sich eher unter der Tarnkappe der Selbstaufopferung – das gilt bei uns in erster Linie für Mütter.

Der Schweinehund turnt außerdem oft unter einem Mäntelchen der falschen Rücksichtname versteckt in Partnerschaften herum. Verstehen Sie das bitte nicht falsch: Ohne Tugend und Moral könnten wir nicht zivilisiert zusammenleben, und (das haben wir in dem Buch *Gut und richtig leben mit dem inneren Schweinehund* gezeigt) wir wären auch nicht glücklich. An dieser Stelle geht es aber um faule Ausreden, mit denen wir uns darum drücken, etwas für die Entwicklung unserer Partnerschaft und für unser eigenes Wachstum (die Voraussetzung für die gemeinsame Entfaltung!) zu tun. Dann flüstert Ihr Schweinehund Ihnen Ausreden wie diese ins Ohr:

- »Das kannst du deinem Partner doch nicht antun!«
- »Das wäre für deine Partnerin eine zu große Belastung!«
- »Es ist die Pflicht der Mutter, voll und ganz für ihre Kinder da zu sein!«

Taktik der Unverbindlichkeit

Eine der wirksamsten Taktiken des Schweinehunds ist die Unverbindlichkeitstaktik. Wenn Sie einen guten Vorsatz gefasst haben, empfiehlt Ihr Schweinehund Ihnen derart unverbindliche Formulierungen, dass die Umsetzung von vornherein zum Scheitern verurteilt ist. Ihr Schweinehund lässt sich dann zum Beispiel zu folgenden Aussagen herab:

- »Man müsste ihm/ihr wirklich häufiger mal etwas Gutes tun.«
- »Möglicherweise könnte man öfter etwas zu zweit unternehmen.«
- »Eigentlich müsste man sich eine gemeinsame Wohnung suchen.«

Das Tückische an solchen Wischi-Waschi-Formulierungen ist: Sie fühlen sich in dem Augenblick, da Sie sie fassen, sehr gut damit. Was kann Ihr Partner Ihnen schon vorwerfen – Sie sind doch bereit, alles Menschenmögliche für die Beziehung zu tun und haben das auch geäußert! Sie haben das irrige Gefühl, auf einem guten Weg zu sein, und genießen es gleichzeitig, dass dieser vermeintliche Weg überhaupt keine Anstrengung von Ihnen fordert.

Schweinehund-Bingo

Haben Sie schon einmal von »Bullshit Bingo« gehört? Dieses Spiel soll dabei helfen, bei Vorträgen oder Seminaren nicht einzuschlafen. Alles dreht sich um eine Tabelle mit 25 nervtötenden Redewendungen wie »bilateral«, »zielführend« oder »sich schlau machen«. Sobald das entsprechende Wort fällt, wird es angekreuzt. Haben Sie horizontal, vertikal oder diagonal fünf Worte in Reihe markiert, stehen Sie auf und rufen »Bullshit!«. Ob Sie dieses Spiel in Ihrer Firma spielen wollen oder nicht, können Sie sich ja in Ruhe überlegen. Uns geht es lediglich um das Spielprinzip, mit dem Sie auch Ihrem Schweinehund hervorragend auf die Schliche kommen können. Hier Ihr Schweinehund-Bingoblock (etwas kleiner als fünf mal fünf Kästchen – so können Sie schneller »Schweinehund!« rufen):

Schweinehund-Bingo		
Eigentlich sollte ich weniger …	Man sollte doch …	Möglicherweise könnte man …
Man müsste mal …	Man könnte vielleicht …	Vielleicht könnten wir mehr …
Mal sehen, ob man …	Eigentlich müsste man …	Man müsste doch …

Taktik der Verzögerung

Wollten Sie schon einmal auf Partnersuche gehen, »wenn Sie endlich abgenommen haben«, oder mit Ihrem Partner endlich über alles reden, »wenn Sie wieder mehr Zeit haben«? Dann wissen Sie ja, was mit Verzögerungstaktik gemeint sein könnte. Der Schweinehund ist ein Meister der langen Bank – das ist seine liebste Werkzeugbank. Ihrer hat bestimmt auch eine solche aufgebaut und alles darauf geschoben, was Sie schon immer mal in Angriff nehmen wollten. Das Gute an diesem Stück: Irgendwann fällt ein Teil hinten herunter und ist dann auch erledigt. Bis es soweit ist, liegt Ihnen der Schweinehund mit folgenden Phrasen in den Ohren:

- »Das geht erst, wenn du endlich …!«
- »Vorher musst du noch …!«
- »Du musst erst in der richtigen Stimmung sein!«

Taktik der Verharmlosung

Micha hat sich die Beziehung mit Luisa sehr gewünscht und lange darum gekämpft, dass aus ihrer Freundschaft endlich mehr wird. Nun haben sie sich gefunden – aber es fühlt sich nicht gut an. Von einem Hochgefühl wie auf Wolke Sieben ist nichts zu spüren, eher eine ständige Niedergeschlagenheit. Während ihrer Freundschaft haben sie sich gut verstanden und oft bis spät in die Nacht hinein gequatscht. Doch jetzt rutschen ihre Gespräche regelmäßig aus: Entweder werfen sie sich gegenseitig Vorwürfe an den Kopf. Oder sie debattieren um die »richtige Art«, miteinander zu sprechen. Am liebsten würde Micha dieser Katastrophe ein Ende setzen. Doch sein Schweinehund ist dagegen: »Du hast so lange um diese Beziehung gekämpft. Es wird schon gut ausgehen!« Micha versucht durchzuhalten. Aber das permanente Unglücksgefühl untergräbt jegliche Lebensfreude, nagt an der Gesundheit und zerstört sogar die Leistungsfähigkeit. Eines Tages sagt ein guter Freund: »Micha, du musst Schluss machen. Diese Partnerschaft macht dich krank, vertreibt alle deine Freunde, und wenn du so weitermachst, verlierst du auch noch deinen Job!« Micha erschrickt, und der Schweinehund stellt sich sofort auf die Hinterbeine: »Du übertreibst! Es ist alles nicht so wild. Und bestimmt wird es auch wieder besser!«

In einer Partnerschaft schleichen sich »bad vibrations« ganz langsam ein. Am Anfang bemerken Sie es gar nicht. Und wenn Sie sich eines Tages von den Misstönen massiv gestört fühlen, haben Sie (und Ihr Schweinehund) sich schon so an die Partnerschaft gewöhnt, dass Sie gar keine Lust haben, irgendetwas zu ändern – und erst recht nicht, den Partner zu verlassen. Nein, es geht gar nicht darum, eine Partnerschaft sofort zu beenden, sobald Schwierigkeiten auftauchen. Geben Sie sich aber gegenseitig die Chance, zu wachsen. Seien Sie hellhörig: Disharmonien und Dissonanzen tauchen nicht einfach so zum Spaß auf. Sie haben immer etwas zu bedeuten. Auch wenn Ihr Schweinehund bläfft:

- »So schlimm ist es doch gar nicht.«
- »Die miese Stimmung hebt sich bestimmt von allein wieder, warte einfach ab!«
- »Du bist doch hart im Nehmen. Das stehst du locker durch!«

Nicht-zuständig-sein-Taktik

Vielleicht kennen Sie heikle Situationen wie diese: Ihr Partner hat seine Finanzen nicht im Griff. Ihre Partnerin lässt sich durch ihre Mutter tyrannisieren. Ihr Partner arbeitet so viel, dass er sich völlig verausgabt. Ihre Partnerin reibt sich zwischen ihrem Job, den Kindern und dem Haushalt völlig auf.

Aber Ihr Schweinehund findet, dass Sie die Probleme Ihres Partners nichts angehen. Vielleicht ist er sogar froh, wenn Sie keine Details erfahren – denn was Sie nicht wissen, kann Sie auch nicht belasten. Schicken Sie Ihren Schweinehund mal kurz vor die Tür und versuchen Sie, einen klaren Blick auf die Situation zu gewinnen. Geht es Sie wirklich nichts an, wie es Ihrem Partner geht? Was würden Sie empfinden, wenn Sie selbst in der Lage Ihres Partners wären – und dieser Ihre Situation völlig ignoriert?

Es geht nicht darum, wie ein Superheld in die Szenerie zu springen, Ihrem Partner das Heft aus der Hand zu nehmen und ihn dann in ein rettendes Märchenschloss zu verschleppen. Es geht vielmehr um Mitgefühl, um einfühlsame Gespräche, um die positive Botschaft: »Ich bin für dich da. Ich unterstütze dich, wenn du es möchtest.« Auch wenn Ihr Schweinehund Ihnen schon etwas anderes einflüstert:

- »Und was, bitteschön, geht dich das an?«
- »Misch dich da nicht ein!«
- »Soll er doch sehen, wie er klarkommt. Er hat es doch nicht anders gewollt!«
- »Dafür ist sie allein verantwortlich!«

Sicher-ist-sicher-Taktik

Simone ist mit Jasper verheiratet, der überhaupt keine Angst davor hat, Probleme geradeheraus anzusprechen. Seit zehn Jahren sind die beiden nun zusammen, und seit ebenfalls zehn Jahren ist es immer Jasper, der die »heißen Eisen« anpackt. So kommt es, dass die Ehe recht glücklich ist – vor allem für Jasper. Er ahnt nichts von Simones allergrößtem Wunsch: Kinder zu haben. Bisher hat sie kein Wort darüber verloren, weil ihr Schweinehund regelmäßig dazwischen bellt: »Sag lieber nichts! Er könnte dir davonlaufen! Warte lieber, bis er selbst die Initiative ergreift!«

Setzt Ihr Schweinehund auf Sicherheitsdenken, dann hält er Ihre Veränderungswünsche mit folgenden Phrasen in Schach:

- »Lass das lieber, das könnte schiefgehen.«
- »Verbrenne dir bloß nicht die Finger.«
- »Mach es nicht. Hinterher ärgerst du dich nur.«
- »Das ist viel zu gefährlich.«
- »Hast du im Tal ein sicheres Haus, dann wolle nicht zu hoch hinaus.«

Bequemlichkeitstaktik

Was glauben Sie, ist der Lieblingsplatz Ihres Schweinehunds: Das Fitnessstudio oder der Fernsehsessel? Die Beantwortung dieser Frage dürfte Ihnen leichtfallen: Wahrscheinlich stemmt Ihrer auch lieber Fernbedienungen als Hanteln – das ist bei allen seinen Artgenossen so. Für Ihre Partnerschaft bedeutet das: Der Schweinehund hat keine Lust auf irgendetwas, das mit Anstrengung verbunden ist. Er will keine mühsamen Diskussionen, er will keine neue Verteilung der häuslichen Pflichten, er will das Schlafzimmer nicht umräumen, er will keinen gemeinsamen Tanzkurs und keinen Kochabend mit befreundeten Paaren, er will sich die Wie-war-dein-Tag-Story seines Partners überhaupt nicht anhören und hat noch weniger Lust, die gesamte Sippe am Sonntagnachmittag bei Kaffee und Kuchen zu ertragen. Für eine glückliche Partnerschaft ist das leider eine Spur zu wenig. Aber so weit denkt der Schweinehund nicht. Er sagt:

»Wir haben es lieber bequem!«

- »Leg die Füße hoch, du brauchst deine Ruhe.«
- »Warum strengst du dich an? Das bringt doch nichts!«
- »Mach es dir so leicht wie möglich! Alles andere ist Energie-
verschwendung.«

So untergräbt der Schweinehund Ihre Entscheidung

Angenommen, Sie haben Ihre Gedanken, etwas für Ihre Beziehung zu tun, geschickt am Schweinehund vorbei geschleust. Herzlichen Glückwunsch! Doch lehnen Sie sich jetzt bitte nicht locker zurück, Sie sind noch nicht auf der sicheren Seite. Denn der Schweinehund zündet jetzt die zweite Stufe seiner Anti-Änderungskampagne.

Versuchslabor

Er reißt zum Beispiel Ihrem Änderungsvorhaben das Etikett »Vorhaben« ab und ersetzt dieses durch die Aufschrift »Versuch«. Damit nimmt er der Sache den Ernst. »Es ist ja bloß ein Test!« Wahrscheinlich müssen noch viele Tests folgen, bevor das Projekt realitätstauglich wird – und ziemlich sicher wird die Testreihe abgebrochen. Während der Schweinehund sich zufrieden auf sein Ruhekissen zurückzieht, hören Sie ihn sagen:

- »Versuch mal, ob du vielleicht …«
- »Mal sehen, ob das zu schaffen sein könnte.«

Nebeltaktik

Ganz ähnlich funktioniert die folgende Taktik. Sobald Sie einen nur einigermaßen wasserfesten Entschluss gefasst haben, lässt der Schweinehund seine Nebelmaschine so lange laufen, bis Sie die Umrisse Ihres schönen Vorhabens nicht mehr erkennen können. Sie sehen Ihr Ziel nicht, weil der Schweinehund Komparative in Ihre Formulierung einschleust. Sie sagen dann:

- »Ich möchte mehr Zeit mit meinem Partner verbringen.« (Aha, wie viel denn?)
- »Ich werde versuchen, meiner Partnerin besser zuzuhören.« (Nur, wie soll das gehen?)
- »Ich sollte wohl öfter mal am Wochenende keine Arbeit mit nach Hause bringen.« (Wie oft denn?)

Oder, weil er jeden Plan vernebelt und jeden Termin verwischt:

- »Irgendwann könnten wir mal ein Wellness-Wochenende buchen.«
- »Ich sollte bald mal mit meiner Partnerin darüber reden, ob wir zu einer Paarberatung gehen.«

Herkulesvorhaben

Sehr gute Erfolgsquoten erreicht der Schweinehund, wenn er Sie während der Entscheidungsfindung in Superman oder in Superwoman verwandelt. Dann fühlen Sie sich richtig gut, während Ihr Schweinehund Sie Ziele wie diese formulieren lässt:

- »Ab morgen bin ich der Super-Lover.«
- »Seine Unordnung macht mir ab sofort überhaupt nichts mehr aus.«
- »Ich bin über meinen Ex-Freund hinweg und denke nie wieder an ihn.«

Weil dieses aber völlig jenseits der Realität liegt, macht Ihr schöner Plan schon ein paar Minuten später »Plopp!«, und dann ist er weg.

Und so kippt der Schweinehund die Umsetzung

Stellen Sie sich vor, Sie haben mit Ihrem Partner darüber gesprochen, was Sie sich in Ihrer Beziehung anders wünschen – und haben gemeinsam beschlossen, dies und das zu ändern. Dann sind Sie schon ziemlich weit gekommen: Genau so weit, dass der Schweinehund sich tierisch darüber freut, seine dritte Sabotagestufe zu zünden.

Ablenkungsmanöver

Sie wollten einmal in der Woche gemeinsam in die Sauna gehen? Oder heute Abend grundsätzlich darüber diskutieren, wie Sie mit den täglichen Kontrollanrufen Ihrer Schwiegermutter umgehen sollen? Vielleicht wollten Sie sich auch am Wochenende einmal aus der »Umklammerung« Ihrer Frau lösen und einen Männerabend genießen? Dazu hat Ihr Schweinehund leider gar keine Lust. Ablenkungsmanöver Ihres Schweinehunds erkennen Sie daran, dass Sie plötzlich das Gefühl haben, erst einmal dringend etwas ganz anderes tun zu müssen, noch nicht in Stimmung zu sein oder sich unbedingt etwas gönnen zu müssen. Ihr Schweinehund raunt Ihnen derweil zu:

- »Die Sauna läuft uns doch nicht weg. Außerdem fühlst du dich doch schon seit Tagen so grippig.«
- »Geht doch erst einmal zusammen ins Kino, danach könnt ihr bestimmt viel entspannter reden.«
- »Heute war so ein schöner Tag, verdirb es jetzt nicht. Morgen kannst du bestimmt viel besser mit ihr sprechen.«

Ausnahmefallen

In diese lässt der Schweinehund Sie vor allem dann tappen, wenn es um langfristige Verhaltensänderungen geht. So hatten Sie zum Beispiel besprochen, dass Ihr Mann die Kinder morgens in den Kindergarten oder zur Schule bringt, um Sie zu entlasten. Oder Sie haben Ihrer Frau gestanden, dass es Sie ganz massiv nervt, wenn sie Ihren Kleiderschrank »aufräumt« – wie sie es nennt. Trotzdem tut sie es wieder, und Sie sagen nichts. Vor einer Ausnahmefalle stehen Sie, wenn Sie sich angelockt fühlen durch folgende Sprüche Ihres Schweinehunds:

- »Gerade diese Woche hat er so viel Stress, sei doch nicht so kleinkariert.«
- »Einmal ist keinmal.«
- »Das sind jetzt besondere Umstände.«

Abbruchstaktik

Haben Sie immer wieder Ausnahmen gemacht, gibt es für den Schweinehund kein Halten mehr. Er raunt Ihnen zu:

- »Es geht ja auch, wenn alles so bleibt, wie es ist. Dann können wir die Anstrengungen an dieser Stelle doch auch beenden.«
- »Dieses ständige Verändern-Wollen bringt doch nur Unruhe, ist viel zu anstrengend und klappt hinterher doch sowieso wieder nicht. Hör lieber auf.«

Grinsend sitzt der Schweinehund auf seiner Barrikade. Er hat schon wieder gewonnen. Um Sie zu trösten, singt er Ihnen noch ein paar Opferschlager vor (»Schuld war nur der Casanova …«), er stimmt anklagende Weisen an (»Du trägst keine Liebe in dir, nicht für mich, noch für irgendwen …«) oder Versager-Arien (»I can't liiiiive, if living is without you …«) und reicht eine Packung Taschentücher.

Nun haben wir einen Blick in die Trickkiste des Schweinehunds geworfen – und dabei immer nur einen Schweinehund im Blick gehabt. In Paarbeziehungen treffen aber zwei Schweinehunde aufeinander, die jeweils ihre ganz eigenen Tücken und Taktiken mitbringen. Was passiert, wenn die beiden sich begegnen?

Was es besonders kompliziert macht: 1+1=4

Wenn das paarweise Zusammenleben ganz einfach wäre, ja, dann wäre die Welt ärmer: Es gäbe keine Liebesromane, keine Opernstoffe, keine Fernsehserien, keine Schlagerschnulzen. Wir wollen das ewige Hin und Her zwischen Mann und Frau jetzt auch besingen, wobei wir den Schweinehunden jeweils die Begleitstimme zuweisen (vielleicht im Form eines gebellten Basso continuo). Stellen wir das Paar mit seinen beiden Schweinehunden also auf eine Bühne, in eine Fernsehkulisse oder in ein gewöhnliches Wohnzimmer. Wenn wir aufmerksam zuhören, stellen wir fest, dass drei Klangbilder dominieren.

Möglichkeit 1: Das Paar ringt um eine Veränderung. Beide Schweinehunde stellen sich hinter dem Paar auf, einigen sich auf einen gemeinsamen Kläff-Rhythmus und auf eine gemeinsame Melodie, um ihre Menschen aus dem Takt zu bringen. Anders gesagt: Die Schweinehunde verfolgen das gleiche Ziel mit den gleichen Mitteln.

- Beide singen im Chor: »Allein sind beide besser dran! Sie sollten's besser gleich bleiben lassen!«
- Oder sein Schweinehund wehrt ab: »Dafür ist er doch nun wirklich nicht zuständig!«. Und ihre Schweinehündin erwidert: »Richtig, aber sie genauso wenig. Dann macht's halt keiner.«

Möglichkeit 2: Besonders dissonant klingt es, wenn die beiden Schweinehunde ihre Herrchen oder Frauchen mit wildem Durcheinander-Gekläffe stören. Das heißt: Die Schweinehunde verfolgen das gleiche Ziel, aber auf verschiedenen Wegen.

- Sein Schweinehund verzögert: »Bevor unsere Menschen zusammenziehen, sollte mein Herrchen erst noch seine Beförderung abwarten.« – Ihre Schweinehündin hält sich raus und singt schnippische Opferlieder: »Tja, das ist nun wirklich seine Baustelle. Sie kann ja nichts dafür, dass es mit ihrer Beziehung nicht voran geht!«
- Oder ihre Schweinehündin lässt die gemeinsame Entscheidung in einer Nebelwolke verschwinden: »Dann und wann könnte er dann auch mal die Kinder betreuen.« – Seiner spielt die Pflichtkarte aus: »Mindestens bis Weihnachten geht die Arbeit vor. Er hat total viel zu tun. Und schließlich ist er ja nicht befördert worden, um Lego zu spielen.«

Möglichkeit 3: Nur einer der beiden Partner stimmt den großen Veränderungssong an. Hinter seinem Rücken geht sein Schweinehund in Stellung, um dagegen zu kläffen. Neben ihm kontert der andere Partner mit der Nicht-mit-mir-Arie, unterstützt vom Generalbass seines Schweinehunds. Das heißt: Die Schweinehunde verfolgen unterschiedliche Ziele und setzen dabei alle möglichen Taktiken ein.

- Sein Schweinehund wendet die Unmöglichkeitstatik an: »Was diese Frau von ihm erwartet, ist einfach unrealistisch! Er kann doch nach einem 16-Stunden-Tag nicht auch noch die Wäsche machen!« – »Heute sicht er aber wirklich sehr abgekämpft aus. Dann macht sie die Hausarbeit eben allein«, lässt ihre Schweinehündin sie in die Ausnahmefalle stolpern.
- Oder ihre Schweinehündin mimt Herkules: »So etwas lässt sie sich nie, nie wieder von seiner Mutter bieten!« – Sein Schweine-

hund bietet im Schwiegermutter-Scharmützel keine Rückendeckung an. Im Gegenteil: Er hält seinen Menschen für nicht zuständig: »Das ist eine Sache zwischen deinem Frauchen und ihrer Schwiegermutter. Was hat das mit mir zu tun? Lasst mich und mein Herrchen doch in Ruhe mit eurem Zickenkrieg.«

Oder ergibt 1+1 sogar 12?

In den meisten Fällen stehen hinter einem Paar noch zwei Elternpaare und entsprechend auch zwei weitere Schweinehundpaare. Die US-amerikanische Psychotherapeutin Nancy Wasserman Cocola bringt dies wie folgt auf den Punkt: »Da sagt man ›ja‹, und schon hat man ein zweites Elternpaar. (…) Noch beunruhigender ist die Tatsache, dass bei einer zweiten oder dritten Eheschließung und wenn noch Kinder hinzukommen, sechs oder mehr verschiedene ›Elterntypen‹ meinen, sie müssten in der Ehe eine entscheidende Rolle spielen.«

In einer ganzen Truppe borstiger Schweinehunde, die sich kreuz und quer ankläffen, gibt es noch mehr Probleme: Vielleicht prallen die Temperamente von Schwiegermutter und Mutter diametral aufeinander, oder die Wertvorstellungen Ihres Partners und die Ihres Vaters sind alles andere als deckungsgleich? Möglicherweise sind Sie und Ihr Partner sich über die interne Aufgabenverteilung völlig einig, während Ihre Mutter es völlig unmöglich findet, dass der Mann kocht und niemand die Bettwäsche bügelt? Oder Sie müssen feststellen, dass nicht nur Ihr Vater ein kontrollierender Machtmensch ist, sondern auch Ihre Schwiegermutter? In jedem dieser Fälle können Sie sicher sein, dass sämtliche Schweinehunde auf die Barrikaden gehen: Der erste reagiert allergisch auf den zweiten, der dritte springt dem ersten bei und der vierte dem zweiten, der fünfte mischt sich sowieso immer ein, während der sechste zu schlichten versucht, was den siebten auf die Palme bringt – und so weiter. Sie kennen das vielleicht schon zur Genüge.

Kläffen ist Silber, Mauern ist Gold?

Bisher haben wir uns darauf konzentriert, wie Schweinehunde die gemeinsame Entwicklung eines Paares zu verhindern versuchen. Sie haben aber auch ihre Pfoten im Spiel, wenn ein Paar sich eigentlich ganz gut versteht. Gelegentlich führt ihr Einsatz dazu, dass die Partnerschaft ganz langsam den Bach heruntergeht. Nicht, weil die Schweinehunde von Natur aus böse oder zerstörerisch wären. Ihre Handlungsempfehlungen basieren einfach nicht auf rationalen Überlegungen und sind alles andere als weitsichtig. Es geht ihnen nur darum, hier und jetzt Angst und Unlust zu vermeiden oder Freude und Lust zu steigern. Dadurch können sich langfristige Schäden ergeben. Am deutlichsten werden diese Störeinsätze sichtbar, wenn Partner miteinander (oder aneinander vorbei) reden.

Der kurze Dialog im einleitenden Kapitel dieses Buchs zeigt, wie gründlich eine ganz gewöhnliche Kommunikation zwischen Mann und Frau misslingen kann, wenn ständig zwei Schweinehunde dazwischen bellen. »Das ist doch völlig übertrieben«, haben Sie vielleicht gedacht. Dann versuchen Sie mal, Ihrem eigenen Schweinehund Gehör zu schenken, während Sie mit Ihrem Partner sprechen. Merken Sie, wie viele unfreundliche Bemerkungen Ihr Schweinehund von sich gibt? Etwa: »Jetzt hört er dir wieder gar nicht richtig zu!« – »Ja, ja, das Argument kennen wir schon.« – »Er wechselt einfach das Thema, wie unverschämt!« Und er kann auch sehr misstrauisch sein: »Spricht er nicht ein bisschen zu begeistert von der neuen Kollegin?« Und nun stellen Sie sich vor, dass die Ohren Ihres Gesprächspartners ebenfalls durch permanentes Schweinehund-Gekläffe malträtiert werden. Da ist es eigentlich kein Wunder, dass ganz harmlose Gespräche gänzlich entgleiten und Streits so schnell eskalieren können.

Apokalypse im (Ehe-)Krach

John Gottman hat streitende Paare jeweils 15 Minuten lang beob-achtet und herausgefunden, dass Streits in einer instabilen und un-glücklichen Partnerschaft (also in einer Partnerschaft, in der die Schweinehunde das Heft fest in der Pfote halten) immer ähnlich ab-laufen:

1. Die Diskussion beginnt mit einem groben Auftakt, mit einer bö-sen Anklage.

2. Der Streit weitet sich so aus, dass vier Formen von Negativität auftreten, die Gottman wegen ihrer für die Beziehung »tödli-chen« Wirkung als »apokalyptische Reiter« bezeichnet:

   - *Kritik*: Plötzlich geht es nicht mehr um den Streitfall, sondern um die Charakterfehler des Partners.
   - *Verachtung*: Das streitende Paar wirft sich gegenseitig sarkas-tische, zynische, abschätzige, respektlose, verhöhnende Worte an den Kopf.
   - *Rechtfertigung*: Der angegriffene Partner weist die Kritik zu-rück und beschuldigt sein Gegenüber.
   - *Mauern*: Der angegriffene Partner klinkt sich aus, zieht sich zurück.

3. Mit dem Mauern schützt der Angegriffene sich vor dem Gefühl, von der Kritik und der Verachtung des Partners überflutet, also bis zur Wehrlosigkeit erschüttert zu werden.

4. Der Körper des Angegriffenen zeigt Stressreaktionen: Das Herz rast, der Blutdruck steigt, Adrenalin wird ausgestoßen und löst eine Fluchtreaktion aus.

5. Das Paar schafft es nicht, die Spannung zu lösen. Jeder Rettungs-versuch scheitert (»Lass gut sein, ich brauche eine Pause!«).

Seine Taktik: Mauern

Was wir von Gottman lernen können, ist folgender Punkt: Schweine-hündinnen gehen anders dazwischen als Schweinehunde: Sie kläfft, er fletscht die Zähne und verschwindet. Dazu ein Beispiel:

Der Schlüssel dreht sich im Schloss, die Wohnungstür öffnet sich. Rainer kommt von der Arbeit nach Hause. Seine Frau Marlene schießt aus der Küche: »Warum bist du so spät? Du wolltest doch viel früher kommen. Ich sitze hier und warte. Du hattest es mir ver-sprochen. Nie hältst du dich an das, was du versprichst. Es ist zum Verrücktwerden!« Rainers Miene versteinert sich. Er hängt seinen Mantel an den Haken, stellt seine Tasche ab, verschwindet im Ar-beitszimmer. »Rainer!«, keift Marlene. »Ich rede mit dir!« Rainer stellt seine Anlage an und taucht unter in den hämmernden Beats seiner Lieblingsband. »Wenn ich nach Hause komme, fühle ich mich wie ein Verbrecher«, murmelt Rainer vor sich hin. »Aller-dings weiß ich nie so genau, was ich eigentlich verbrochen habe. Das sagt mir dann meine Frau.«

Sicherlich kennen Sie Szenen wie diese. Wenn nicht aus Ihrer eige-nen Partnerschaft, dann vielleicht aus Ihrem Elternhaus, von Freun-den oder aus Filmen: Der Mann mauert. John Gottman erklärt, was damit gemeint ist: »Wer mauert, der gibt nichts zurück. Er schaut weg oder zu Boden und gibt keinen Laut von sich. Er sitzt wie eine reglose Wand da. Wer mauert, der verhält sich so, als wäre ihm, selbst wenn er zuhören würde, völlig gleichgültig, was der an-dere sagt.«

Grundsätzlich können Frauen genauso gut mauern wie Männer – trotzdem ist es in 85 Prozent der Ehen der Mann, der sich einmauert. Warum? Gottman geht zurück in die Höhlen der Hominiden, um dieses Phänomen zu erklären. Die natürliche Auslese habe die-jenigen Urfrauen bevorzugt, die sich nach Stress schnell wieder be-ruhigten – denn nur diese konnten ihren Nachwuchs in Ruhe stil-

Männliche Schweinehunde sind Meister im Mauern

len. (Dazu muss man wissen, dass Stress den Fluss der Muttermilch versiegen lässt.) Die Urmänner dagegen hätten sich auf das gemeinsame Jagen spezialisiert, wobei diejenigen am ehesten überlebten, die sich gut aufregen konnten. »Bis heute reagiert das männliche Herz-Kreislaufsystem stärker auf äußere Einflüsse und erholt sich langsamer von Stress als das weibliche«, schreibt Gottman. »Da nun ein ehelicher Streit, der einen Alarmzustand hervorruft, von Männern physisch mehr fordert, verwundert es nicht, dass sie stärker als Frauen versuchen, einen solchen Streit zu vermeiden.«

Nur: In der westlichen Welt leben Männer heute in der Regel nicht mehr in Höhlen. Heute können sie sich per Sprache verständlich machen und auch ein wenig zuhören. Da wäre es doch vorstellbar, dass für sie und ihren Schweinehund auch andere Verhaltensweisen möglich sind, als reflexartig hinter einer Mauer zu verschwinden.

Lieber Leser, wenn Sie also öfter einmal mauern, empfehlen wir Ihnen Folgendes: Kommentieren Sie Ihren Rückzug mit Humor (»Schatz, ich muss mich mal kurz in der Höhle verstecken!«). Dann weiß Ihre Partnerin zumindest, woran sie ist.

Mehr zu den Themen Humor und Kommunikation lesen Sie in Teil III.

Ihre Taktik: Kritik

Während Mauern sich bei Gottmans Studien als ein für Männer charakteristisches Verhalten zeigte, erwies sich Kritik als typisch weibliches Verhaltensmuster. Interessant: Männer mauern, sobald ihre Partnerin Kritik übt. Frauen mauern erst, wenn sie sich vom Partner verachtet fühlen.

Warum meckern Frauen so viel? Mit dem Leben in der Steinzeithöhle hat es dieses Mal nichts zu tun. Es ist auch kein blöder Tick. Es ist eine ganz gesunde Reaktion auf eine Tatsache, die zwei Studien von Elaine Hatfield ans Licht brachten: Männer tragen generell weniger zu einer Beziehung bei als Frauen, gleichzeitig ziehen sie mehr Nutzen aus einer Partnerschaft. Genauer gesagt sind es in den meisten Fällen die Frauen, die sich um kleine Kinder oder pflegebedürftige Alte kümmern, den Haushalt schmeißen und nebenher auch noch berufstätig sind, während sich die Männer ganz ihrem Beruf verschreiben. Sie sind, erklärt die Sozialwissenschaftlerin Elsbeth Freudenfeld, »die Verliererinnen in Beziehungen, was erstens erklären könnte, warum hierzulande die meisten Scheidungen von Frauen eingereicht werden, und zweitens die weibliche Tendenz zu kritischem und anklagendem Verhalten in Beziehungen verständlicher erscheinen lässt.« Möglicherweise entschärft sich die Situation, weil immer mehr Männer wickeln, Kinderwagen schieben oder sogar Elternzeit nehmen – aber das ist ein anderes Thema.

Hier soll es um die Schweinehündin gehen. Die hat es sich zur Aufgabe gemacht, ihr Frauchen zu schützen und zu schonen, so gut es eben geht, und sie dabei zu unterstützen, dass sie auch etwas abbekommt vom schönen Leben. Deshalb rechnet sie ihr jeden Tag vor, wie sehr sie sich abplagt mit Kindern, Küche, Karriere – und animiert ständig zu dem stärksten kommunikativen Mittel, was ihr unmittelbar zur Verfügung steht: Kritik an ihm.

Letztendlich schiebt die Schweinehündin damit nur die Verantwortung für das Wohlergehen auf »ihren Partner« ab und gefällt sich womöglich noch in der Rolle der Opferarien singenden Diva.

Liebe Leserin, haben Sie eine solche Schweinehündin? Nehmen Sie ihr die Opferlied-Partitur weg und geben Sie ihr dafür die Noten von Frank Sinatras »I did it my way«. Buchen Sie Babysitter, professionelle Pfleger, einen Putztrupp, gehen Sie aus dem Haus und machen *Sie* etwas aus sich. Ein anderer wird das nicht für Sie tun.

Soweit an dieser Stelle. Wie Sie in der Partnerschaft mehr Glück für sich selbst finden, lesen Sie in Teil III.

Vorsicht, Meckerfalle!

Wenn die vier apokalyptischen Reiter in einer Beziehung herumtrampeln (Kritik und Mauern gehören dazu), dann lässt sich laut Beziehungsforscher Gottman eine Trennung mit »ungefähr 82 Prozent Sicherheit« voraussagen. Grund genug, den Schweinehunden und Schweinehündinnen hinter die Ohren zu schreiben, wie gefährlich ihr Treiben ist! Denn eigentlich wollen sie doch nichts mehr, als dass ihre Menschen glücklich sind – und zwar lieber in einer Partnerschaft statt allein. Mit ihren angeborenen Abwehrtaktiken erreichen sie langfristig allerdings das Gegenteil.

Falls Ihr Schweinehund noch mehr Fakten sehen will: Laut Lois Verbrugge und James House von der University of Michigan, berichtet John Gottman, erhöht eine unglückliche Ehe die Gefahr, krank zu werden, um etwa 35 Prozent und verkürzt die Lebenszeit um ungefähr vier Jahre! Das müsste doch selbst einen Schweinehund davon überzeugen, dass es sich lohnt, die Beziehungsqualität zu optimieren – um es einmal betriebswirtschaftlich auszudrücken.

Paarweisen: So spielen Schweinehunde zusammen

Was passiert, wenn beide Partner nebst ihren Schweinehunden zu viert aufeinandertreffen? Wie ziehen die vier sich gegenseitig auf, wie bringen sie sich auf die Palme?

Um das besser zu verstehen, setzen wir die Schweinehund-Paare nun auf die Couch von verschiedenen Psychologen. Doch das ist nur der erste Schritt. Um ein umfassendes Bild zu bekommen, stellen wir sie außerdem auf den Prüfstand der Philosophen, wir lassen sie von Sozialforschern vermessen und betrachten sie abschließend aus der Perspektive der Ökonomen. Damit es spannend, aber auch amüsant und nicht klischeehaft wird, werden wir die Profile möglichst *nicht* starr einem typisch weiblichen beziehungsweise männlichen Schweinehund zuordnen, sondern die Zuteilung offen lassen oder variieren. Hier unser Forschungsplan:

Das Schweinehund-Paar auf der Couch

Wir setzen die Brille der Psychologen auf und widmen uns Schweinehund-Paaren, die sich heillos ineinander verbissen haben, und zwar aus folgenden Gründen:

1. Sie hadern mit komplementären Belastungen und Begrenzungen aus der eigenen Vergangenheit, die einander sowohl bedingen als auch ausschließen. Hier kann es um Themen wie Vertrauen/Misstrauen gehen, Macht/Ohnmacht, Treue/Untreue, Überversorgung/Vernach-

lässigung, Desinteresse/übermäßige Kontrolle. (Die Grundzüge dieser Konstellationen haben wir in Teil I beschrieben.)

2. Sie leiden unter komplementären Grundformen der Angst. Der eine fürchtet die Nähe, der andere die Distanz. Der eine erträgt den Stillstand nicht, während der andere Veränderungen nicht mag.
3. Sie sind mit unterschiedlichen Temperamenten ausgestattet. So geht der eine zum Beispiel gern aus sich heraus, während der andere in sich gekehrt bleibt.

Das Schweinehund-Paar und die Werte

Anschließend widmen wir uns Paaren mit unterschiedlichen Ansichten über bestimmte Werte wie Maß, Gerechtigkeit, Disziplin oder Ordnung.

Das Schweinehund-Paar als soziales Phänomen

Jetzt nehmen wir die Lupenperspektive der Sozialforscher ein: Was passiert eigentlich in einer Partnerschaft? Welche Konflikte tauchen auf, und wie werden diese verhandelt?

1. Wir betrachten Paare, die um Rollen und Kompetenzen rangeln: Wer macht Karriere, wer kocht, wer bohrt Löcher, wer erzieht die Kinder?
2. Und wir schauen uns an, was passiert, wenn die Partner unterschiedliche Bedürfnisse und Interessen haben: Mehr Sex oder weniger? Kinder oder lieber doch keine?

Der Porcanis oecnonomicus

Der Homo oeconomicus – der rein wirtschaftlich denkende und handelnde Mensch, der ständig versucht, seinen Nutzen zu maximieren – ist hinlänglich bekannt. Was Wirtschaftswissenschaftler bisher aber überhaupt nicht untersucht haben, ist der kleine Berater, der hinter ihm steht. Wir sind so frei, ihn Porcanis oeconomicus (von *porcus*, das Schwein, und *canis*, der Hund – mögen unsere Lateinlehrer Milde walten lassen) zu nennen, und schauen, wie er um Zeit, Geld und Anerkennung kämpft.

Das Schweinehund-Paar auf der Couch

Die Schweinehunde im einleitenden Kapitel dieses Buchs geraten aneinander, weil ihre Menschen den borstigen Beschützer ihres Gegenübers in höchste Alarmbereitschaft versetzen: Ihre Schweinehündin hat panische Angst vor dem Verlassenwerden, während sein kleiner Begleiter allergisch auf das kleinste Anzeichen einer möglichen Missachtung reagiert. Niemand hat es gewollt, doch binnen Sekunden eskaliert ein Streit, an dessen Ende jede Partei sich in ihrer Angst bestätigt fühlt.

Was Ihre Kindheit mit den Ängsten Ihres Schweinehunds zu tun hat

Ängste wie diese stammen zumeist aus der frühen Kindheit. Die Psychoanalyse geht davon aus, dass sie ihren Schatten über jede spätere Beziehung werfen. Wer zum Beispiel früh die Erfahrung gemacht hat, sich auf nichts und niemanden verlassen zu können, der wird auch als Erwachsener tendenziell misstrauisch bleiben. Wer übermäßig stark kontrolliert und gegängelt wurde, entwickelt sich möglicherweise selbst zu einem passionierten Controller oder spezialisiert sich darauf, sich jeglicher Kontrolle zu entziehen.

Chaot und Controller

Das Thema Kontrolle ist Zündstoff in sehr vielen Paarbeziehungen. Das kann durchaus komische Züge annehmen – so wie Loriot es in *Szenen einer Ehe* beschrieben hat. Vielleicht erinnern Sie sich an den Dialog »Das Ei ist hart« – kurz gesagt geht es bei diesem Dialog zwischen Mann und Frau darum, dass sie beim Eierkochen »ihrem Gefühl« vertraut hat, während er auf ein auf die Sekunde genau gekochtes Frühstücksei besteht. Ihr Schweinehund fühlt sich kontrolliert, während seiner fürchtet, die Bedürfnisse seines Herrchens würden nicht angemessen berücksichtigt. Wie von Gottman beschrieben, beginnt der Streit mit einem Vorwurf (»Das Ei ist hart!«), das Paar giftet sich gegenseitig an (»Vielleicht stimmt da mit deinem Gefühl was nicht!« – »Es ist dir also egal, ob ich viereinhalb Minuten in der Küche schufte ...«), bis es die gegenseitige Verachtung schließlich überdeutlich formuliert (»Mein Gott, was sind Männer primitiv.« – »Morgen bringe ich sie um!«). Über die frühkindlichen Erfahrungen dieser Figuren könnten wir spekulieren. Das tun wir an dieser Stelle aber nicht. Wir verlassen die Komik und schauen uns eine andere Spielart dieser schweinehündischen Paarweise an, die Psychologieprofessor Dirk Revenstorf beschrieben hat.

Max und Verena sind verheiratet, sie haben drei Kinder. Max kontrolliert seine Frau äußerst streng, gleichzeitig versucht Verena, sich der Kontrolle zu entziehen. Je mehr sie das tut, desto wahnhafter werden die Kontrollversuche ihres Mannes. Warum beide in diesem Mechanismus so heillos gefangen sind, kann ein Blick in ihre Biografien erklären: Als Scheidungskind hatte Max keinen Zugang zu seinem Vater. Und nach der Scheidung von seiner ersten Frau wurde ihm der Zugang zu seinen Kindern verwehrt. Nun versucht er, sich durch permanente Überprüfungen der Lage abzusichern. Verena ist nicht in der Lage, sich zu wehren. Sie ist als Mädchen von ihrem Bruder missbraucht worden. Weil dieser ihr drohte, wagte sie es nicht, sich den Eltern anzuvertrauen.

»Sie braucht seine Rigorosität, um einen Halt zu gewinnen, und er braucht ihre Schwäche, um jemanden zu haben, den er vollkommen beherrschen kann und bei dem er nicht befürchten muss, seine Rechte zu verlieren«, erklärt Revenstorf. Die Geschichte geht übrigens gut aus. Die Partner erzählen sich ihre frühen Erfahrungen, ihre Beziehung entspannt sich, die gegenseitige Toleranz nimmt zu.

Hinter dem Thema Kontrolle versteckt sich das Thema Macht. Wer kontrolliert, will die Fäden in der Hand halten und seinen Wil-

len durchsetzen. Wer sich kontrollieren lässt, will keine Verantwortung übernehmen, will sich sanftmütig fügen. Vielleicht will er
dem Tyrannen sogar etwas Gutes tun: So »delegiert der Sanftmü-
tige seine Aggression an den Machtmenschen«, erklärt Revenstorf,
»und hofft zugleich, nicht missbraucht, sondern für sein Wohlwol-
len geehrt zu werden oder gar den Anderen von seiner Tyrannei
zu bekehren.« Oft finden sich Schweinehund-Paare, die in diesem
Zusammenspiel prima harmonieren. Doch irgendwann kippt die
Stimmung: Dann hat der eine Schweinehund keine Lust mehr, sich
dominieren zu lassen, während der andere nicht mehr die ganze
Verantwortung tragen mag.

Glücklicherweise sind dermaßen unglückliche Schweinehund-
Konstellationen nicht die Regel. Schwächere Spielarten dieser Konstellation kennen Sie aber sicherlich auch aus Ihrem Umkreis:

- Sie liebt Shopping, er will ständig den Kontostand kontrollieren.
- Er plant Urlaubsreisen minutiös durch, sie fährt lieber einfach
  drauf los.
- Sie organisiert den Umzug Kiste für Kiste und Minute für Minute, er will einfach anpacken und loslegen.
- Er klettert die Karriereleiter gezielt Schritt für Schritt nach oben,
  sie sucht sich einfach einen Job, auf den sie gerade Lust hat.

Uhr-Vertrauen

Dass sich Paare über Pünktlichkeit streiten, ist ein alter Hut. Doch
wie kommt es, dass der eine Schweinehund absolut nach der Uhr
lebt und der andere es so gut wie nie fertig bringt, zu einer vereinbarten Uhrzeit an Ort und Stelle zu sein?

Marianne zeichnet sich durch absolute Pünktlichkeit aus – eher gesagt, durch Überpünktlichkeit. Normalerweise trifft sie fünf Minuten vor der Zeit ein und wartet dann zum Beispiel vor der Haustür, um exakt zur vereinbarten Zeit zu klingeln. Sie selbst setzt

sich sehr unter Druck, immer und überall pünktlich zu erscheinen und gerät ihrerseits in Panik, wenn sich ein anderer nur um wenige Minuten verspätet. Das führt regelmäßig zu Konflikten: Ausgerechnet ihr Ehemann Rolf kommt regelmäßig zu spät. Er kriegt einfach nicht die Kurve, so sehr er sich auch bemüht. Das ist keine böse Absicht. Er war der jüngste Sohn zu Hause und genoss als »kleiner Prinz« Sonderrechte. Jeder Wunsch wurde ihm erfüllt, und dass es auch für ihn so etwas wie Pflichten gab, erfuhr er erst ziemlich spät. Marianne hingegen wuchs mit einer Mutter auf, die ihre eigenen Lust- und Unlustgefühle stets an erste Stelle setzte. So holte sie ihre Kinder gelegentlich zur vereinbarten Zeit von der Schule oder Reitstunde ab, meistens aber zu spät und manchmal auch gar nicht. Dieses Verhalten verunsicherte Marianne so tief, dass sie noch heute von der Angst eines kleinen, verlassenen Mädchens heimgesucht wird, sobald sich jemand verspätet.

Die Schweinehunde von Marianne und Rolf könnten nicht besser zusammen spielen: Ihrer hat die Termine im Griff, während seiner es gewöhnt ist, an der Hand genommen und geführt zu werden. Eigentlich ganz praktisch. Doch Mariannes kleine Begleiterin fühlt sich durch ihre Angst vor dem Verlassensein existenziell bedroht, während Rolfs Raubein das Gefühl hat, vom Organisationstalent seiner Frau abhängig zu sein. Beide brauchen einander, doch bestätigen sie sich in ihren alten Mustern. Nach Ansicht der Psychologie können beide aus diesem Muster aussteigen, indem sie sich mit ihren frühen Erlebnissen (Sie: »Meine Mutter hat mich vergessen!« – Er: »Meine Mutter war immer meine Managerin!«) auseinandersetzen und versuchen, die Verhaltensweisen, die sie jeweils komplett an den Partner abgetreten haben, zurückzugewinnen (Sie: »Man kann sich auch einmal verspäten, das ist kein Weltuntergang.« – Er: »Ich kann auch selbst auf die Uhr schauen, so schwer ist es ja auch nicht.«).

Buttler bitte!

Träumen Sie manchmal von einem Partner, der Ihnen morgens den Kaffee ans Bett bringt, das Duschhandtuch vorwärmt und die Zeitung bereit legt? Der Sie tagsüber mehrmals anruft, um sich nach Ihrem Befinden zu erkundigen? Und der abends einen Strauß frischer Blumen auf den gedeckten Tisch stellt, Ihre Lieblings-CD laufen lässt und sich erkundigt, ob die Raumtemperatur angenehm ist? Wachen Sie lieber auf – so ein Rundumversorger kann sich im Handumdrehen in jemanden verwandeln, der selbst nach Verwöhnung schreit.

Christof wächst als Scheidungskind allein mit seiner Mutter auf. Wegen einer chronischen Krankheit ist diese Frührentnerin und kann sich ganz den Bedürfnissen ihres Sohnes widmen: Sie kocht sein Lieblingsessen, richtet seine Kleidung, räumt sein Zimmer auf und wird dabei noch häufig von ihrer ledigen Schwester unterstützt. Für Christof ist es völlig selbstverständlich, ständig von dienstbaren Geistern umgeben zu sein. Einerseits empfindet er das als angenehm, andererseits fühlt er sich auch eingeengt und in eine künstliche Unselbstständigkeit gedrängt. So erlebt er den Einzug in seine Studentenbude als Befreiung. Insbesondere genießt er es, junge Damen zu sich einzuladen – ohne den neugierigen Blicken seiner Mutter ausweichen zu müssen. Dabei stellt Christof fest, dass er ein richtig guter Gastgeber ist – was seinen Damen sehr gefällt.

Er verliebt sich schließlich in Daniela. Die Älteste von drei Kindern musste zu Hause früh Verantwortung übernehmen und ihre Geschwister versorgen. Nun freut sie sich, dass sich auch einmal jemand um sie kümmert. Sie ziehen in eine gemeinsame Wohnung und genießen die gemeinsame Studienzeit. Doch als Christof sich zum Examen anmeldet, ist es, als habe er einen inneren Schalter umgelegt. Er schenkt seiner Freundin nur noch wenig Aufmerksamkeit, wirft jede seiner gastgeberischen Tugenden über Bord und verlangt, dass Daniela sich voll und ganz darauf konzentriert, ihn zu unterstützen. Sein Examen ist nun das Wichtigste auf der Welt – das ist doch klar! Fassungslos reagiert er deshalb, als Daniela zwei Tage vor einer seiner Prüfungen mit einer Freundin ausgehen will. Liebt sie ihn nicht mehr?

Ein Besuch seiner Mutter bringt das Fass vollends zum Überlaufen. »Hast du kein Obst gekauft? Christof braucht doch jetzt Vitamine«, mäkelt sie. »Du hast viel zu kleine Handtücher im Bad. Christof liebt doch die ganz großen Formate.« Und: »Sein Schreibtisch steht nicht optimal. Das Licht fällt von der falschen Seite ein, außerdem zieht es ihm im Rücken.« Als sie die Wohnung endlich verlassen hat, sind Christof und Daniela niedergeschlagen. Er fühlt sich von seiner Freundin nicht genug unterstützt und zu wenig geliebt, während sie hin- und hergerissen ist zwischen ihrer Wut über die unangemessene Kritik ihrer Schwiegermutter in spe und ihren Selbstzweifeln, vielleicht wirklich nicht genug für ihren Liebsten zu sorgen.

Hier haben wir es mit Schweinehunden zu tun, die ihre Menschen mit aller Macht in die Konstellation ihrer Kindheit zurückziehen wollen. Sein kläffender Begleiter strebt zurück zur mütterlichen Rundumversorgung, die er für die wahre Liebe hält, während ihre Begleiterin in die alte Rolle der großen Schwester zurückschlüpfen will, für die ihr Frauchen seinerzeit viel Anerkennung erntete. Zu allem Überfluss taucht auch noch die Schweinehündin der Schwiegermutter auf. Diese ist davon überzeugt, ganz allein in Besitz der Formel für glückselige Söhne zu sein, und möchte die Schwiegertochter gern als eine Art Aushilfsmutter instrumentalisieren, die unter ihrem Regiment zu funktionieren hat. Am liebsten würde sie den Sohn gleich wieder mit nach Hause nehmen.

Die Schwiegermutter-Schweinehündin hat sogar leichtes Spiel, das Liebespaar auseinander zu treiben. Und zwar wenn sich, erstens, die Schweinehündin der Schwiegertochter einschüchtern lässt und, zweitens, der Sohn sich durch seinen Schweinehund verleiten lässt, seiner Partnerin in den Rücken zu fallen. Soweit muss es aber nicht kommen. Daniela und Christof können sich auch in Ruhe zusammensetzen und darüber sprechen, wie sie Liebe und Fürsorge in ihrer Kindheit erlebt haben, wie sie heute zusammenleben möchten und wie sie sich in Zukunft vor der keifenden Schwiegermutter-Schweinehündin in Sicherheit bringen können.

Es kann aber auch richtig kompliziert werden. Der Schweizer Beziehungspsychologe Jürg Willi beschreibt in seinem Buch *Die Zweierbeziehung*, wie »Liebe als Einander-Umsorgen« im Zusammenspiel (der Schweinehunde, würden wir sagen) eine Bruchlandung auslösen kann. Seiner Erfahrung nach übernimmt dabei einer der Partner die Rolle der »pflegenden Mutter«, während es sich der andere in der Position eines passiven »Pfleglings« gemütlich macht.

Das geht allerdings nicht lange gut. Der Pflegling wird nach Willi »im längeren Zusammenleben zunehmend von den früheren Zweifeln erfasst, ob der Partner die Erwartungen einer idealisierten Mutter wirklich erfülle, oder ob er ihn – so wie früher die eigene Mutter – enttäuschen werde. (…) Es werden dem Partner Proben und Bewährungsaufgaben gestellt und die Ansprüche immer höher und höher gestellt, bis der Partner den Ansprüchen nicht mehr genügen kann und man sich deshalb berechtigt fühlt, ihn wie die ›böse‹ Mutter zu verfolgen.« Dazu kommt ein zweites Problem: Wer sich immer nur versorgen lässt, glaubt irgendwann, allein nicht mehr lebensfähig und seinem Partner nicht ebenbürtig zu sein. Das untergräbt das Selbstwertgefühl.

Dem Partner in der Mutterrolle ergeht es nicht besser. Zunächst tut das Bemuttern zwar dem eigenen Ego gut: Wer den anderen pflegt, zeigt Verantwortungsgefühl, Überlegenheit, Unabhängigkeit. Der Preis aber ist hoch: Es ist der Verzicht darauf, sich selbst einmal schwach zu zeigen und sich umsorgen zu lassen. Als Ausgleich für den gezahlten Preis erwartet der bemutternde Partner Dankbarkeit, Lob, Anerkennung. Diese aber bleiben zumeist aus. Warum auch sollte der Pflegling dankbar sein für seine abhängige und untergeordnete Position? Weil der ersehnte Dank ausbleibt, so Willi, fällt es der selbsternannten Mutter doppelt schwer, dem Pflegling das zu geben, was sie sich selbst versagt. Sie empfindet Neid und Eifersucht auf alles, was der Pflegling bekommt, beklagt seine Undankbarkeit und weist dessen Ansprüche plötzlich zurück. Damit ist die »idealisierte Mutter« für diesen zur »schlechten Mutter« geworden. Beide Seiten sind frustriert: Er ist enttäuscht, sie fühlt sich schuldig.

Wie finden Sie dieses Erklärungsmodell? Ein bisschen zu konstruiert, zu weit hergeholt? Die Wortwahl Willis (»idealisierte Mutter«) mag uns heute, gerade wenn wir keine psychologische Ausbildung haben, ein wenig befremdlich erscheinen – aber schauen Sie sich die Paare in Ihrem Umfeld an! Es muss ja nicht immer die Frau sein, die den Mann pflegt und päppelt – oft wird das Spiel auch umgekehrt gespielt, wobei dann häufiger ein »Rettungskommando« zum Einsatz kommt anstelle eines »Pflegedienstes«.

Interessant in diesem Zusammenspiel ist, dass die Schweinehunde sehr wohl merken, dass irgendetwas nicht stimmt. Allerdings gehen ihre Rettungsversuche oft in die falsche Richtung: Beide Schweinehunde arbeiten daran, die Bemutterungskünste des pflegenden Partners zu verfeinern. »Könntest du effizienter helfen, dann ginge es deinem Partner und dir besser«, ist sein Schweinehund überzeugt. Damit allerdings dreht sich die Abwärtsspirale nur schneller. Hilfreicher ist laut Willi die Idee, dass der Pflegling einmal selbst Pflegeaufgaben dem Pflegenden gegenüber ausüben sollte.

Eifersucht

Wenn sich der Schweinehund eines tendenziell treuen Menschen und der eines immer wieder untreuen Menschen treffen, führen sie Freudentänze auf. »Wir passen prima zusammen! Wir wollen spielen!«, bellen sie munter. Kommt es zu einer Partnerschaft, fühlen sich beide ganz sicher. Denn beide kennen das zu spielende Theaterstück ganz genau. Er übernimmt beispielsweise die Rolle desjenigen, der seine Freiheit sucht. Sie klammert. Je mehr sie klammert, desto mehr versucht er, seine Ketten zu sprengen. Und je wilder er an seinen Ketten rüttelt, desto genauer kontrolliert sie die Schlösser:

- Sie: »Ich muss dich kontrollieren, weil du untreu bist.«
- Er: »Ich bin so untreu, weil du mich einsperren willst.«
- Sie: »Ich muss dich einsperren, weil du sonst wegläufst.«
- Er: »Ich will weglaufen, weil du so eifersüchtig bist.«
- Sie: »Ich bin so eifersüchtig, weil du so viel flirtest.«
- Er: »Ich flirte so viel, um mich deiner Kontrolle zu entziehen.«
- Sie: »Ich muss dich kontrollieren, weil du untreu bist …«

Dieses Stück sieht so aus, als könnte man es stundenlang aufführen. Das funktioniert aber nicht, weil die Schweinehunde irgendwann die Rollen tauschen. Das passiert genau dann, wenn der eine keine Lust mehr darauf hat, dass sein Mensch immer wieder die gleichen Trennungsängste durchlebt, und er ihn dazu bringt, selbst einen Schritt in Richtung Freiheit zu setzen. Das kann ein One-Night-Stand sein, ein harmloser Flirt oder ein neuer Job. Dies kann dem Schweinehund, der den Part des Untreuen übernommen hatte, einen solchen Schreck einjagen, dass er seinerseits nun anfängt, sich an den Partner zu klammern.

Haben Sie so etwas schon einmal erlebt? Vielleicht nicht in dieser klaren Rollenverteilung. Aber achten Sie einmal darauf. Man trifft solche Schweinehund-Konstellationen ziemlich häufig an,

Manche Schweinehunde flirten gern …

wobei es oft der männliche Part ist, der nach Freiheit strebt – aber nur, solange sein weiblicher Gegenspieler niemand anderem schöne Augen macht!

Weitere Spielarten

Es gibt noch zahlreiche weitere Spielarten, in denen die Schweinehunde hervorragend zusammenpassen und sich zugleich das Leben schwer machen. Hier noch drei Beispiele:

Schuld und Sühne
- Sie: »Aus lauter Angst vor deiner Kritik mache ich alles falsch!«
- Er: »Weil du so viel falsch machst, muss ich dich dauernd kritisieren!«

Cinderella
- Sie: »Für dich ist deine Freizeit so wichtig. Ich muss mich im Haus ganz allein abrackern!«
- Er: »Weil du so viel Zeit im Haushalt verbringst, muss ich meine Freizeit allein verbringen.«

Täter-Opfer-Spiel
- Er: »Ich bin dir machtlos ausgeliefert und du behandelst mich schlecht.«
- Sie: »Du unterwirfst dich mir. Das geht mir so auf die Nerven, dass ich dich schlecht behandele.«

Damit beenden wir die Sitzung auf dieser Couch. Wir verlassen also die Praxis von Jürg Willi und seinem jüngeren Nachfolger Dirk Revenstorf und setzen die Schweinehunde auf die Couch von Fritz Riemann.

Grundformen der Schweinehund-Ängste

Diese Couch ist noch älter als die des Kollegen Willi. Der Psychoanalytiker und Psychotherapeut Riemann veröffentlichte sein Buch *Grundformen der Angst* im Jahr 1961. Es ist sein Hauptwerk und ein Klassiker der psychoanalytischen Literatur. Darin unterschied er vier Grundformen der Angst, die er vier Menschentypen zuordnete:

1. die Angst vor der Selbsthingabe, als Ich-Verlust und Abhängigkeit erlebt;
2. die Angst vor der Selbstwerdung, als Ungeborgenheit und Isolierung erlebt;
3. die Angst vor der Wandlung, als Vergänglichkeit und Unsicherheit erlebt;
4. die Angst vor der Notwendigkeit, als Endgültigkeit und Unfreiheit erlebt.

Wir sind so frei, aus dieser Arbeit zwei Schweinehund-Paarweisen abzuleiten.

Komm mit, lauf weg!

In dieser Konstellation kann ein Schweinehund Nähe nicht ertragen, der andere fürchtet sich vor Distanz.

Den ersten Typ bezeichnet Riemann als »schizoid«, andere Autoren (wie zum Beispiel Rita Pohl in ihrem Beziehungsentrümpelungsbuch *Weg damit! Die Liebe befreien*) sprechen eher vom »unabhängigen Typ«. »Aus seinem Lebensgefühl heraus empfindet er Bindungen als Zwang, zu viel von sich aufgeben zu müssen, was natürlich vor allem bei Partnern möglich wird, die viel Zuwendung und Nähe des anderen brauchen«, erklärt Riemann. Der Schweinehund dieses Typs tut alles, um seinen Menschen davor zu schützen, dass er von einem anderen »verschlungen« wird: Er reagiert schroff und abweisend, zieht Liebesbekundungen ins Lächerliche und verlässt den Partner lieber, als sich ihm hinzugeben.

Der zweite Typ hat Angst vor Einsamkeit, vor einem Verlust der Geborgenheit, vor Konflikten. Für Riemann ist dieser Typ »depressiv«, heute würde man vielleicht eher von »angepasst« sprechen. Am liebsten würde er völlig mit dem Partner verschmelzen, um ihn ja nicht zu verlieren. Bereits kurze Trennungen vom Partner können ihn in Panik versetzen. Im Extremfall neigt er zu einer Art erpresserischer Liebe, die in der Drohung gipfelt: »Wenn du mich verlässt, dann bringe ich mich um.«

Beate möchte am liebsten alles mit Michael gemeinsam machen. Deshalb geht sie mit ihm ins Fußballstadion, obwohl sie sich gar nicht dafür interessiert, sitzt auf Festen immer neben ihm und ist sauer, wenn sie ihn allein zu einem Junggesellenabschied gehen lassen muss.

Michael empfand Beate von Anfang an als sehr fordernd und einengend, aber in der ersten Verliebtheit fiel das nicht so sehr ins Gewicht. Nun fühlt er sich von ihr regelrecht eingesperrt, verabredet sich lieber allein mit seinen Freunden und weicht ihr aus.

Mit Vollgas auf die Bremse

In der zweiten Riemann-Konstellation treffen zwei Schweinehunde aufeinander, von denen der eine sich vor dem Gefühl des Stillstands fürchtet, während dem anderen alles Angst einjagt, was mit Veränderungen zu tun hat.

Letzteren Typ beschreibt der Psychoanalytiker so: Sie haben »Angst vor dem Risiko, vor Wandlung und Vergänglichkeit. Sie gleichen jenem Mann, der erst ins Wasser gehen wollte, wenn er schwimmen konnte – sie sind sozusagen die Trockenkursler des Lebens.« Sie haben Angst vor der Leidenschaft. Sie versuchen, Liebeskrisen zu lösen, indem sie Listen mit Regeln aufstellen, und neigen zu Pünktlichkeit, Sparsamkeit, Pedanterie. Was dieser Typ nicht kann, ist etwas mit sich geschehen lassen. Eine besonders komische Variante dieses Schweinehund-Paares taucht in der US-amerikanischen Fernsehserie *Friends* auf.

Monica, eine der weiblichen Hauptrollen, hat einen ausgeprägten Ordnungssinn und Kontrolltick und treibt ihre Freunde damit regelmäßig an die Grenze des Wahnsinns. In einer Folge der Serie verliebt sie sich ausgerechnet in einen Komapatienten – einen größeren Stillstand kann ein Mensch wohl nicht erfahren. Sie kümmert sich im Krankenhaus liebevoll um sein Wohlergehen und fantasiert den perfekten Lover in ihn hinein. Als er aus dem Koma erwacht, entpuppt er sich als ganz gewöhnlicher Mann. Monica wendet sich enttäuscht ab.

Zumeist jedoch erschnüffelt der Schweinehund eines Stillstandfanatikers seinen Gegenpart über 100 Meter trotz Gegenwind und fühlt sich unwiderstehlich zu ihm hingezogen. Dieser Gegenpart ist der notorische Veränderer. Menschen wie er lieben laut Riemann die Freiheit, »bejahen alles Neue, sind riskiofreudig; ihnen ist die Zukunft, die mit ihren Möglichkeiten offen vor ihnen liegt, die große Chance«. Für sie ist nichts »letztlich verbindlich und verpflichtend, nichts hat Anspruch auf ewige Gültigkeit. Für sie soll alles relativ, lebendig und farbig bleiben – nur die Gegenwart, der Augenblick ist wichtig.«

Angenommen, ein solcher Wirbelwind ginge eine Verbindung mit einem Veränderungsphobiker ein. Es braucht keine hellseherischen Fähigkeiten, um vorauszusehen, dass ihre Schweinehunde sich von früh bis spät ankläffen würden.

Temperamente

Jetzt begeben wir uns auf glatten Boden. Das Thema »Temperamente« ist in Fachkreisen sehr umstritten: Gibt es das überhaupt?

Und wenn ja, was ist ein Temperament und was nicht? Und angenommen, es gibt Temperamente, verändern sich diese im Lauf des Lebens oder nicht? Wir wollen hier nicht tiefer in die Fachdiskussion einsteigen. Nach Meinung etlicher Forscher jedenfalls kommt jeder Mensch (unserer Einschätzung nach gilt das auch für seinen Schweinehund) mit einem bestimmten Verhaltensstil auf die Welt. Schon als Baby ist er entweder ruhig und ausgeglichen oder ein zappeliger Schreihals, er zeigt sich überwiegend schläfrig, oder er erkundet neugierig die Welt. Wenn diese Grundmuster erhalten bleiben, scheint es uns naheliegend, dass diese später in einer Partnerschaft zu Konflikten führen können: Der eine ist dem anderen zu laut, zu aktiv oder zu lahm und in sich gekehrt.

Hetz mich nicht!

Es gibt Schweinehunde, die rennen am liebsten den ganzen Tag herum. Andere liegen fett und faul unter dem Sofa. Kein Wunder, dass ihre Menschen ebenfalls eher sportlich veranlagt sind oder zur Fasson einer Couch-Potato tendieren. Ein besonders schönes Schweinehund-Paar aus dieser Kategorie beschreibt Loriot in den *Szenen einer Ehe*: Der Mann Hermann möchte »einfach nur da sitzen«, während seine Frau ihn permanent auffordert, doch endlich etwas zu tun, und ihn damit zur Weißglut bringt.

Wir sind ja so harmonisch!

Die Loriot-Szene zeigt noch eine zweite Herausforderung, die ein Paar zu meistern hat, das sich hinsichtlich seiner Temperamente unterscheidet. Der eine Partner ist tendenziell introvertiert, in sich gekehrt, während der andere gern aus sich herausgeht. Sie tobt durch die Küche, er sitzt einfach nur da.

So etwas reizt beide Schweinehunde bis aufs Blut. Angenommen, sie ist extrovertiert und er nicht: Ihre Schweinehündin wird es als

Zeichen mangelnder Liebe deuten, wenn der Partner keine Lust hat, mit ihr zu reden. Seiner wird es peinlich finden, wenn die Partnerin auf Partys laut lacht, ausgelassen tanzt und schlimmstenfalls auch noch Anekdoten aus dem gemeinsamen Leben zum Besten gibt.

In der Kombination aus einem introvertierten und einem extravertierten Schweinehund können sich auch solche mit einem unterschiedlichen Faible für Frieden zusammentun: Der eine ist aufbrausend, der andere bemüht sich um Harmonie. Die New Yorker Psychotherapeutin Nancy Wasserman Cocola beschreibt in ihrem So-zähme-ich-meine-Schwiegereltern-Buch *Zu sechst im Bett*, wie eine solche Konstellation über Generationen weitergetragen werden kann.

Carols Mutter hat sich darauf spezialisiert, den aufbrausenden Vater zu besänftigen und sich schützend vor ihre Kinder zu stellen. Carol erlebt als Kind also hautnah, wie eine Friedensstifterin arbeitet. Sie selbst verliebt sich in Rick, der in seiner Familie als rebellisch bekannt ist. Seiner Mutter hat er nie gehorcht, und insgeheim bewundert sein überkorrekter Vater die forsche Art seines Sohnes. Als Rick und Carol heiraten, hofft Ricks Mutter, dass ihre Schwiegertochter ihren Sohn nun zur Vernunft bringen wird oder besser gesagt: dass sie ihn davon überzeugt, endlich das zu tun, was sie (die Mutter!) will. Sie versucht also, ihre Schwiegertochter für ihre Belange einzuspannen. Das bringt Rick zur Weißglut, was wiederum Carol in ihre Rolle als Friedensstifterin schlüpfen lässt.

Das Schweinehund-Paar und die Werte

Jetzt verlassen wir die Sofas der Psychoanalytiker und begeben uns in das Hoheitsgebiet der Philosophie. Halt! Bitte klappen Sie das Buch jetzt nicht zu. Es wird überhaupt nicht abgehoben und kein bisschen kompliziert. Aufbauend auf dem Buch *Gut und richtig le-*

ben mit dem inneren Schweinehund haben wir lediglich festgestellt, dass unterschiedliche Vorstellungen über Normen und Werte für viel Zündstoff in einer Beziehung sorgen können. Denn was der eine Schweinehund für gut und wichtig im Leben hält, das muss für den anderen noch lange nicht richtig sein.

Der Streit kann sich an den so genannten Primärtugenden entzünden: Was ist *klug* und was nicht? Was ist in einer Partnerschaft *gerecht*, was ist ungerecht? Wie *tapfer* müssen beide Partner sein? Und was ist das *rechte Maß* bei Speis und Trank, beim Ausschlafen und Aufräumen, bei Arbeit und Freizeit?

Viel häufiger noch geht es aber um unterschiedliche Einstellungen bezüglich der Sekundärtugenden, wie zum Beispiel:

- Fleiß,
- Ordnungssinn,
- Sauberkeit,
- Pflichtbewusstsein,
- Pünktlichkeit,
- Sparsamkeit,
- Zuverlässigkeit.

Vielleicht mussten Sie beim Lesen dieser Liste ein wenig schmunzeln. Sind das genau die Punkte, um die es bei Ihnen immer wieder Krach gibt? Wahrscheinlich ja. (Und wenn Sie Kinder haben, sind sie es mit Sicherheit.) Beziehungsforscher John Gottman hat eine interessante Einstellung zu Wertkonflikten unter Partnern entwickelt: Man müsse sie nicht unbedingt lösen, sondern nur lernen, damit umzugehen, und sie mit Humor nehmen.

In Beziehungsratgebern ist schon so viel über herumliegende Socken geschrieben worden, dass wir dem Sockenberg nicht noch mehr Material aufhäufen wollen. Wir beschäftigen uns also nicht mit Ordnung und Sauberkeit, sondern beschränken uns auf die eher sperrigen Themen »Gerechtigkeit« und »Ehrlichkeit« und versuchen, die folgenden Schweinehund-Konflikte mit Humor zu nehmen.

Ehrlichkeit währt nicht am längsten

»Wir haben keine Geheimnisse voreinander«, heißt es in vielen Partnerschaften. »Wir vertrauen uns sehr, deshalb können wir uns alles sagen.« Die Schweinehunde freuen sich: Wenn der Partner immer alles offen legt, kann es keine bösen Überraschungen geben. Doch kann der eine Schweinehund dem anderen auch ganz schön auf die Füße trampeln, wenn er Ehrlichkeit zu wörtlich nimmt. Lässt er seinen Menschen sagen: »Früher warst du viel schöner als heute. Du bist ganz schön grau und faltig geworden!«, – dann ist das vielleicht ehrlich, aber verletzend. Lässt er ihn detailliert erzählen, wie er beim Betriebsfest geflirtet hat (»Wunderschöne Augen …!«), dann ist das herzlos. Kein Wunder, wenn der andere sich traurig oder wütend abwendet.

Nach Beobachtung von John Gottman gibt es viele Beziehungen, in denen beide Partner ehrlichen Auseinandersetzungen aus dem Weg gehen (wir würden sagen: weil ihre Schweinehunde feige Hunde sind) – und trotzdem glücklich zusammenleben. »Manche vermeiden Streit um jeden Preis, andere streiten viel, und wieder andere sind imstande, ihre Uneinigkeit auszudiskutieren und einen Kompromiss zu finden, ohne auch nur die Stimme zu erheben«, so Gottman. »Keine Methode ist besser als die andere – solange beide Partner damit zufrieden sind.« Problematisch wird es nur dann, wenn der eine Schweinehund auf Ehrlichkeit setzt, während der andere keine Lust auf ehrliche Auseinandersetzungen hat und sich stattdessen lieber hinter der Zeitung verschanzt oder im Fernsehsessel versteckt.

Offene Rechnungen

Cora und Tim leben seit vielen Jahren zusammen. Sie haben zwei Kinder und arbeiten beide freiberuflich. Tendenziell kümmert sich Cora mehr um die Kinder als Tim: Sie holt sie vom Kindergarten ab, kümmert sich nachmittags um die Kleinen, steht nachts auf, um zu trösten, Milchflaschen zu verabreichen und Schnuller zu suchen. Sie bringt die Kinder zum Arzt, organisiert Winterkleidung, Schwimmausrüstung und auch sonst alles, was Kinder so brauchen. »Das ist doch nicht gerecht«, hört Cora immer wieder von ihren Freundinnen. »Tim müsste sich doch viel mehr um die Kinder kümmern! Du stemmst das ja ganz allein!« – »Er kocht und kauft ein, das ist wunderbar. Ich empfinde unser Arrangement nicht als ungerecht«, verteidigt sich Cora. »Ich kümmere mich doch gern um die Kinder.«

Von außen ist es oft nicht zu verstehen, warum ein Paar glücklich ist. Die Aufgabenverteilung erscheint objektiv ungerecht, der eine vom anderen unterdrückt. »Das darf doch nicht wahr sein! Warum lässt sie/er sich das überhaupt bieten?«, wettern die Schweinehunde der Freunde oder der Eltern – und machen die Schweinehunde der Partner wild. Das Geheimnis ist: Wer in der Partnerschaft glücklich ist, der rechnet nicht nach. Es ist einfach nicht so wichtig, wie oft jeder den Wäschetrockner eingeräumt oder den Tisch gedeckt hat oder wie oft ein Anruf durch einen Anruf erwidert und ein gutes Wort durch ein gutes Wort »bezahlt« worden ist.

Ein Problem entsteht erst, wenn beide im Sinn einer (kleinkrämerisch verstandenen) Gerechtigkeit alles aufrechnen, was der eine für den anderen tut oder nicht tut. Denn je mehr beide rechnen, desto mehr haben sie das Gefühl, ein schlechtes Geschäft zu machen. Tatsächlich zahlt in Liebesbeziehungen immer einer drauf – das zeigen viele Studien. Aber kein Schweinehund außerhalb der Beziehung hat das Recht, darüber zu urteilen.

Das Schweinehund-Paar als soziales Phänomen

Es war einmal eine Zeit, da gehörte die Frau ins Private, in die Küche und zu den Kindern. Dem Mann wurde die Sphäre der Öffentlichkeit zugeordnet, wo er Karriere und Politik machte und gutes Geld verdiente. Alle wussten, wo ihr Platz war. Dann hatten die Frauen keine Lust mehr, immer nur durch die Gardinen nach draußen zu schauen und um Haushaltsgeld zu betteln. Sie wollten Autonomie und Einfluss und eigenes Geld. Sie zogen sich Hosen an und gingen auf die Straße. Heute sind Frauen und Männer gleichberechtigt – und sie leben glücklich zusammen bis ans Ende ihrer Tage.

Dass diese Art der Geschichtsschreibung problematisch ist, versteht sich von selbst. Denn die Verhältnisse waren weder früher so klar, noch sind sie es heute. Tatsächlich sind sie ziemlich kompliziert: Offiziell nämlich kann das »Volkslied von geldverdienenden Vätern und kindererziehenden Müttern kaum noch laut gesungen werden«, schreiben Ulrich und Ute Clement vom Heidelberger Institut für systemische Forschung und Therapie in einem Aufsatz aus dem Jahr 2001. »Mutter Natur, derzufolge die Männer gattungsgeschichtlich die bewährteren Beutenachhausebringer und die Frauen die besseren Brutpfleger seien, wird zwar gern und immer wieder mit evolutionsbiologischen Argumenten gegrüßt, ihre Definitionshoheit für das Geschlechterverhältnis hat sie verloren. (...) Dass Frauen berufliche Perspektiven entwickeln wollen (...) ist selbstverständlich geworden. Im Schatten dieser Perspektive gedeihen jedoch Ehen, in denen sich die Partner auf eine traditionelle Rollenverteilung geeinigt haben, prächtig.« Clement und Clement bewerten das nicht – im Gegenteil. Sie finden: »Wer eine befriedigende Ehe führt, hat Recht.« Dennoch wollen sie wissen, wo es typischerweise in Partnerschaften knirscht.

Die Tücken der traditionellen Partnerschaft

In traditionellen Partnerschaften ist es völlig klar, dass der Mann zur Arbeit geht und Geld verdient, während die Frau sich um Kinder und Haus kümmert. Diese Aufgabenverteilung ist eine Vorgabe der Kultur – deshalb muss das Paar sich nur noch über Details einigen. Wenn es von Schweinehunden begleitet wird, die gegen diese Rollenaufteilung nichts einzuwenden haben und auch nicht gern verhandeln, dann ist hier alles in Butter. Nicht zuletzt deshalb, weil es auch im Alltag nicht zu Grenzkämpfen an den Rändern der Territorien kommt: Jeder Partner akzeptiert die Territorialhoheit des anderen und ist froh, dass der andere den Job macht, den er selbst nicht machen möchte. Frauchen will (nach Ansicht ihrer konservativen Schweinehündin) mit der »Festanstellungshölle« ohnehin nichts zu tun haben, während Herrchen (unterstützt von seinem ebenfalls konservativen Schweinehund) davon überzeugt ist, dass er im ewigen Kreislauf des Haushalts unglücklich untergehen würde.

Sind aber die Schweinehunde progressiver veranlagt, kommt es zum Kampf in der traditionellen Partnerschaft. Sein Schweinehund ärgert sich, dass sein Herrchen so wenig Kontakt zu den Kindern hat, seine Frau kaum sieht und von früh bis spät nur damit beschäftigt ist, Geld für die Familie heranzuschaffen, von dem er selbst gar nicht so viel profitiert. Ihre Schweinehündin kläfft sich heiser, weil sie die Schnauze voll hat von der finanziellen Abhängigkeit ihres Frauchens und davon, dass diese sich von früh bis spät mit Kindern und Küche abrackert, ohne dass es überhaupt irgendjemand bemerkt, geschweige denn, dass sie Anerkennung dafür bekommen würde. Die Aufgaben von Herrchen fallen auf, wenn sie gemacht werden, die von Frauchen fallen nur dann ins Auge, wenn sie liegen bleiben. Kein Wunder, dass die Schweinehündin anschlägt:

- »Du bist doch kein Putzlappen!«
- »Du versauerst im Haus, während Mann und Kinder sich draußen selbst verwirklichen. Das ist doch ungerecht!«
- »Wie kann das sein, dass eine erwachsene Frau ihren Partner um Geld bitten muss?«

Herausforderungen in der modernen Partnerschaft

Doppelkarrierepaare können sich nicht auf Verhaltens- oder Zuständigkeitsmuster berufen, die über Jahrhunderte ausgeklügelt und zementiert wurden. Hier steht alles zur Debatte. Progressive Schweinehunde lieben gerade das – schließlich kann jede Verhandlung zu Gunsten des eigenen Menschen ausgehen. Außerdem verdienen Doppelkarrierepaare gut. Einer Befragung von Wayne Carlisle aus dem Jahr 1994 zufolge beurteilen die Befragten dies aber gar nicht als größten Vorteil ihres Beziehungsmodells. Sie schätzen eher immaterielle Werte: Am häufigsten nannten sie dabei ihre »hohe Selbstachtung« (77 Prozent), auf Platz zwei der Liste folgten »Anerkennung durch den Partner« und ein »größerer Zusammenhalt« (jeweils 58 Prozent), an dritter Stelle gaben die Befragten eine positive Einschätzung ihres »Kräftegleichgewichts« und ihrer persönlichen »Autonomie« zu Protokoll (jeweils 48 Prozent).

Doppelkarrierebeziehungen können die Selbstverwirklichung beider Partner ermöglichen. Diese Selbstverwirklichung zeigt sich »als Stolz, als Identität, als Bewusstsein eines engagierten Lebens, als Überzeugung, etwas besonders Wertvolles zu leben«, schließen Clement und Clement daraus.

Die Medaille hat aber auch hier eine Kehrseite: Wenn beide Partner Karriere machen, klagen sie der gleichen Studie zufolge über »Arbeitsüberlastung« (82 Prozent) und »weniger Zeit für Partnerschaft« (63 Prozent). Rund ein Drittel der Befragten beklagt »Rollenkonflikte« (28 Prozent) und ein Fünftel einen »verlangsamten Karriereprozess« (21 Prozent). Unter »gesellschaftlichem Druck«

(damit können zum Beispiel zersetzende Bemerkungen der Schwiegermütter, Nachbarn, Kegelschwestern oder dörflichen Meinungsführer gemeint sein) fühlten sich relativ wenige Studienteilnehmer (14 Prozent). Das sind die Punkte, mit denen sich die Schweinehunde in modernen Beziehungen schwertun. Nehmen wir uns das Problem vor, mit dem die überwältigende Mehrheit der Paare zu kämpfen hat: Zeitmangel.

Zankapfel Zeit

Für wenig karrierebewusste Schweinehunde ist Zeit etwas Wundervolles. Sie ist ausschließlich dazu da, verplempert zu werden. Und eigentlich zählt sie erst ab dem Feierabend (der möglichst pünktlich einzusetzen hat).

Das sehen die Schweinehunde, die den Erfolg im Beruf sehr wichtig nehmen, völlig anders: Für sie ist Zeit ein knappes Gut, das mit möglichst viel sinnvollem Tun angefüllt werden muss. Feierabend? Dieses Wort kommt im aktiven Sprachschatz dieser Schweinehund-Spezies nicht vor. Deshalb drängen sie ihre Menschen dazu, diesen jeden Abend endlos hinauszuzögern (»Nur noch schnell dies und das erledigen, erst dann gehst du nach Hause!«) oder Arbeit mit nach Hause zu nehmen (»Dann beschwert sich wenigstens keiner, dass du so spät kommst.«). Beides bringt die Schweinehunde des Partners, der Partnerin oder der Kinder natürlich auf die Palme. Denn die Botschaft ist klar und wird von Clement und Clement sehr schön auf den Punkt gebracht: »Die Familie kriegt den Rest (der Zeit), den die gefräßige Arbeit übrig lässt.« Job-Termine werden als »härtere Realität« wahrgenommen, Partner und Kinder gelten diesen Schweinehunden als weniger wichtig (vielleicht sogar als zu anstrengend) und müssen sich fügen. Die Forscher erklären das Phänomen so: »Es scheint kurzfristig und vordergründig leichter, Kinder und Partner zu vertrösten, als Aufgaben aus der Arbeit zurückzuweisen. Die eine Logik ist die des geringsten Widerstandes und der kurzfristig schwereren Konsequenzen: Wenn ich jetzt arbeite, wird das Produkt nicht fertig, sei es ein Artikel, ein Projekt, eine Präsentation. Wenn ich aber jetzt nicht mit den Kindern spiele, kann ich es am Wochenende immer noch.«

Setzt ein karrieregeiler (Pardon!) Schweinehund die gemeinsame Zeit mit der Familie und/oder mit dem Partner konsequent auf zweite Priorität, für die höchstens Restzeit übrig ist, und empfindet er die Zeit mit Kindern und Partner hauptsächlich als anstrengend – dann braucht er sich nicht zu wundern, wenn er Partnerschaft und Familie bald »abschreiben« kann. Falls bei Ihnen zu Hause ein solcher Schweinehund herumspringt, sollten Sie einen Besuch bei einem professionellen Schweinehunde-Bändiger in Erwägung ziehen (Eheberater, Therapeuten und Coachs scheuen sich, diesen Titel mit auf ihre Visitenkarte zu drucken – aber hier sind Sie an der richtigen Adresse).

Vielleicht haben Sie aber auch das Glück, einen beziehungsfreundlichen Schweinehund erwischt zu haben. Dann wird es Ihnen leichter fallen, Ihre Zeit so einzuteilen, dass Familie/Partnerschaft und Job unter einen Hut passen.

So bringt der karriere-orientierte Schweinehund Ihre gemeinsame Zeit durcheinander	So verhält sich ein gebändigter Schweinehund
Er findet die Arbeit wichtiger als die Familie.	Er setzt die Priorität mal auf die Arbeit, mal auf die Familie.
Er verschiebt die gemeinsame Zeit mit der Familie oder dem Partner auf später.	Er setzt sich dafür ein, dass hier und heute Zeit für die Familie vorhanden ist.
Er lässt nur dann Zeit für die Familie, wenn der Job es erlaubt.	Er setzt dem Job Grenzen, um Zeit für die Familie zu haben.

Hinter diesen Verhaltensweisen stehen bestimmte Haltungen. Die Haltung des übermäßig karriereorientierten Schweinehunds gegenüber seinem Partner und seinen Kindern ist von Ignoranz geprägt. Kein Wunder, dass das auf Dauer nicht gut geht.

Der karriereorientierte Schweinehund findet	Der gebändigte Schweinehund findet
… die Kinder seines Menschen hauptsächlich anstrengend.	…, dass Kinder der Sinn des Lebens überhaupt sind.
…, dass der Partner des Menschen sowieso zu diesem hält, egal, wie wenig er für die Beziehung tut.	…, dass Liebe und Bindung regelmäßig gepflegt werden müssen, damit sie nicht verkümmern.

Wir wollen hier zwar keine Klischees ausrollen – doch in den meisten Fällen neigt wohl eher der männliche Schweinehund dazu, den Job an die erste Stelle zu setzen und angesichts drängender Aufgaben in Haus und Garten eine gewisse Sehschwäche zu entwickeln. Kein Wunder, dass sich bei vielen Doppelkarrierepaaren das Problem des Zeitmangels ungünstig mit den Herausforderungen der Haushaltsführung verquickt.

Krise am Herd

Im Idealfall sind moderne Beziehungen symmetrisch organisiert: Jeder hat die gleichen Rechte und die gleichen Pflichten. Faktisch ist so ein Arrangement aber schwer durchzuhalten. So hat der eine Partner vielleicht nicht so viel Termindruck wie der andere, der eine hat flexible Arbeitszeiten und der andere nicht, der eine arbeitet im Homeoffice und der andere muss jeden Tag ins Büro. So kommt es, dass der Schweinehund mit den vermeintlich härteren Sachzwängen dem anderen blitzschnell die Hausarbeit in die Pantoffeln schiebt. Dann geht die Abwärtsspirale los: Für die Erfolge im Job gibt es Lorbeeren, für die am Spülbecken nicht. Wer im Job erfolg-

»Immer muss ich alles machen …«

reich ist, bekommt immer mehr Projekte, mehr Mitarbeiter, mehr Geld. Wer am Herd reüssiert, erntet (wenn er Glück hat) ein klitzekleines Dankeschön und einen großen Stapel bekleckerten Geschirrs. Hören Sie die Schweinehunde kläffen?

Wenn wir jetzt vor allem der Schweinehündin Gehör schenken, stellen wir fest: Es kommt noch schlimmer. Eine Studie aus den 90er Jahren, berichtet Clement, kommt zu dem erstaunlichen Ergebnis, dass Frauen in Doppelkarrierepartnerschaften umso mehr Hausarbeit leisten, je mehr sie ihrem Mann einkommensmäßig überlegen sind. Diese Verrücktheit erklärt sich so: Die im Beruf erfolgreichen Frauen versuchen durch ein Mehr an Hausarbeit, sich ihrer traditionellen Frauenrolle wieder anzunähern, während ihre weniger erfolgreichen Männer absichtlich einen Bogen um die Hausarbeit schlagen, um ihre Männlichkeit nicht zu gefährden.

Kommt Ihnen das spanisch vor? Wir zumindest wundern uns nicht, wenn Schweinehunde in solchen Beziehungen in ein Gefühlschaos geraten. Sie bellen, wenn Frauchen spült, und sie bellen, wenn sie es nicht tut. Sie knurren, wenn Herrchen kocht, aber auch, wenn er das Pizzataxi ruft. Moderne Schweinehunde sind »hoch ambivalent« – so würden Psychologen dieses Hin-und-her-Schwanken zwischen verschiedenen Haltungen und Gefühlen beschreiben.

Das hilft uns jetzt zwar auch nicht dabei, das Problem zu lösen – aber so haben wir wenigstens eine passende Schublade gefunden. Von Vorteil ist hier zumindest, dass wir es mit Problemen zu tun haben, die tendenziell lösbar sind. Vielleicht durch permanentes Verhandeln und Reflektieren, möglicherweise ist auch professionelle Hilfe notwendig. (Denkt Ihr Schweinehund jetzt eher an eine Putzhilfe oder an einen Psychotherapeuten? Beides kann hilfreich sein.) Wichtig ist jedenfalls, dass Sie sich und Ihrem Schweinehund klar machen: Wenn Sie sich von ambivalenten Gefühlen hin- und hergeworfen fühlen, sind Sie nicht verrückt. Oft sind es überkommene soziale Normen, die uns das Leben schwer machen.

Unterschiedliche Bedürfnisse

Etwas anders sieht es aus, wenn die Partner unterschiedliche Bedürfnisse haben. Dann kann es zu existenziellen Krisen in der Partnerschaft kommen. Auslöser können folgende Punkte sein:

- Der eine Partner will ein Kind, der andere nicht.
- Der eine Partner will ein zweites Kind (oder ein drittes oder viertes), der andere will das überhaupt nicht.
- Der eine Partner will mehr Sex, der andere hat keine Lust dazu.
- Der eine Partner will andere sexuelle Spielarten, der andere partout nicht.

Das können Probleme der Kategorie »nicht lösbar« sein – müssen aber nicht. Vielleicht entscheidet sich der blockierende Partner irgendwann doch um. Ob dies im Bereich des Möglichen liegt, zeigt sich allerdings erst im Lauf vieler Gespräche. Scheut sich Ihr Schweinehund, die heißen Eisen in die Pfote zu nehmen? Raunt er Ihnen immer wieder Sätze zu wie »Ist doch nicht so schlimm« oder »Irgendwann ergibt sich vielleicht was«? Dann nehmen Sie ihn ins Gebet, und wenn er sich querstellt, gehen Sie gemeinsam zum professionellen Schweinehund-Bändiger. Oder wollen Sie am Ende Ihres Lebens feststellen, dass Sie (wir treiben es jetzt mal auf die Spitze) 80 Jahre lang unbefriedigenden Sex hatten? Oder dass an ihrem 95. Geburtstag keine Kinder, geschweige denn Enkel oder Urenkel, anwesend sind, weil zum Kinderkriegen irgendwie nie der rechte Zeitpunkt war?

Pardon, wir wollten weder Sie noch Ihren Schweinehund erschrecken. Doch manchmal muss man ein wenig drastisch werden, um den Schweinehund aus seiner Lethargie zu wecken. Das gilt auch für das folgende Thema.

Der Porcanis oecnonomicus

Wirtschaftswissenschaftler und Soziologen sind in der Lage, Liebe und Partnerschaft komplett von allem zu entkleiden, was sie schön macht: Alles glitzerige, irrationale, mit Herzchen beklebte Brimborium fällt ab, und übrig bleibt ein spröder Tauschvertrag:

- »Ich gebe dir meine Schönheit und meine Jugend, du gibst mir dein Prestige und dein Geld.«
- »Ich kümmere mich um Haus und Kinder, du schaffst das nötige Kleingeld herbei.«
- »Jeder leistet einen *genau gleichen* Beitrag zur Kinderbetreuung, zur Hausarbeit und zur Haushaltskasse.«
- »Jeder leistet einen *gleichwertigen* Beitrag zur Kinderbetreuung, zur Hausarbeit und zur Haushaltskasse.«
- »Jeder trägt zur Partnerschaft das bei, was er kann.«

Der Schweinehund passt höllisch auf, dass seinem Menschen kein Unrecht geschieht. Wenn sein Mensch zugunsten des Partners zurücksteckt, fordert er: »Und wo bleibt der Ausgleich?«

Im Grunde ist das ja auch gut. Wenn der eine allein in Urlaub fahren darf, möchte der andere das auch. Schmeißt der eine den gesamten Haushalt, so soll sich der andere um Auto, Garten und die Urlaubsplanung kümmern.

Es gibt viele Möglichkeiten für Tauschgeschäfte zwischen Partnern. Die einen handeln nach dem Prinzip »tit-for-tat«: Ich gebe dies, du gibst dafür das. Die anderen »investieren« zusammen in das Projekt Partnerschaft oder Familie und schöpfen gemeinsam den dabei entstehenden Gewinn ab. (Das klingt furchtbar betriebswirtschaftlich und gar nicht nach Liebe, Lust und Leidenschaft … Hat sich Ihr Schweinehund schon versteckt?) So weit, so gut. Problematisch wird das Tauschgeschäft dann, wenn die Partnerschaft – warum auch immer – in eine Krise gerät. Dann entwickeln sich die Schweinehunde nämlich zu kleinkarierten Erbsenzählern:

- »Ich habe heute zwei Stunden lang die Kinder betreut, du musst sie morgen zwei Stunden lang nehmen – egal, wie dein Terminkalender aussieht.«
- »Ich habe heute für 23 Euro eingekauft, du musst in den nächsten Tagen auch 23 Euro für die Familie ausgeben.«
- »Ich will heute Abend frei haben, du bekommst morgen Abend frei – ob du Lust hast oder nicht.«

Sie sehen sofort, wie absurd diese Rechnerei werden kann. Im Ergebnis steht vielleicht eine gerechte Lösung – beide Partner sind aber permanent im Stress, weil sie jede Tat bilanzieren müssen, und außerdem unzufrieden, weil ständig beide das Gefühl haben, »draufzuzahlen«. In der Forschung wurde dies einmal als »Verrechnungsnotstand« bezeichnet.

Lassen Sie es soweit nicht kommen! Erklären Sie Ihrem Schweinehund, dass es ruhig auch mal etwas länger dauern darf, bis ein »tit« das »tat« ausgleicht, und dass ein großzügiger »Kreditrahmen« der gemeinsamen Partnerschaft durchaus zuträglich ist. Falls er sich überhaupt nicht überzeugen lässt, klemmt irgendetwas zwischen Ihren beiden Schweinehunden. Ulrich Clement hat in einem Aufsatz über »offene Rechnungen« in Partnerschaften aus dem Jahr 2002 übrigens drei schöne Varianten des Ausgleichs beschrieben (die wir hier auf unseren Raubeiner bezogen wiedergeben):

1. Der »evangelische« Schweinehund: Er möchte, dass sein Partner ihn um Entschuldigung bittet, und sieht dabei gern eine Portion »reuige Zerknirschung«. Dies bringt ihn in eine Position der moralischen Überlegenheit. Wenn ihm die Entschuldigung überzeugend vorkommt, ist er mit diesem symbolischen Ritual zufrieden. Der Täter-Schweinehund kommt in diesem Modell recht glimpflich davon.

2. Der »katholische« Schweinehund: Er besteht darauf, dass der säumige Partner Buße tut. Das verschafft ihm Genugtuung. Der

Täter-Schweinehund muss hier zwar neben der inneren Reue auch einen äußeren Akt der Reinigung durchlaufen. Dieser mag unangenehm sein, ist in Form und Inhalt aber klar definiert – und anschließend kann die Sache von beiden Seiten zu den Akten gelegt werden.

3. Der geschäftliche Schweinehund: Ihm geht es nicht um Entschuldigung oder Sühne, sondern um einen Schadensausgleich. Der entstandene Schaden muss bezahlt werden. Fertig.

Welches kulturelle Muster ist Ihrem Schweinehund (und dem Ihres Partners) am ehesten vertraut? Wenn Sie das Gefühl haben, Ihre partnerschaftliche Bilanz hängt schief, dann versuchen Sie doch mal eine der drei Varianten. Wichtig dabei ist, dass Sie sich genau darüber verständigen, welche offene Rechnung beglichen werden soll, wie Sie das tun wollen und dass Sie es pro offene Rechnung genau einmal tun. Schließlich ist es ein Ritual.

Wenn Ihr Schweinehund und Sie selbst ohnehin gern in betriebswirtschaftlichen Kategorien denken, dann sind Sie vielleicht jetzt sehr erleichtert: So einfach ist das also! Nein, leider nicht, müssen wir an dieser Stelle nachschieben. Die Schweinehunde sind keine kühlen Rechner. Manchmal lieben sie sogar offene Rechnungen! Warum das so ist, erklärt Ulrich Clement so: Der »Kläger« innerhalb der Partnerschaft genießt seine Position der moralischen Überlegenheit. Seine Opferposition gibt ihm das Recht zu permanenter Empörung – was wiederum seine überlegene Position stabilisiert. Der »Beklagte« kann es sich in seiner Position ebenfalls gemütlich machen: Er nimmt die Rolle des Schuldigen ein, außerdem kann er bei jeder Anklage einen Gegenvorwurf zurückschmettern. Die Beziehung an sich profitiert ebenfalls von der offenen Rechnung: Wenn sonst nichts mehr Verbindendes da ist, so bleibt doch dieses eine Thema. Sie sehen: Die Sache ist recht verwickelt.

So stören die Schweinehunde den Liebeslauf

Haben Sie schon einmal Ihren Lebenslauf geschrieben – für eine Bewerbung zum Beispiel? Dann wissen Sie ja, worauf Personaler schauen: auf Ihre Erfolge. Welche Schulen, Ausbildungsstätten und Unternehmen Sie auch immer durchlaufen haben: Ihr offizieller Lebenslauf ist Ihre Erfolgsgeschichte.

Die Geschichte Ihrer Misserfolge steht auf keinem offiziellen Papier. Sie mussten wegen mangelnder Leistungen die Schule wechseln? Sie brachen Ihre Ausbildung ab? Wurden aus dem ersten Job heraus gemobbt? Das sieht niemand gern Schwarz auf Weiß gedruckt.

Neben Ihrem Lebenslauf gibt es noch eine andere Chronologie: Ihren »Liebeslauf«. Auch hier könnte wahrscheinlich jeder von uns zwei Versionen aufschreiben.

Einerseits die Geschichte unserer gescheiterten Lieben: die ersten Annäherungsversuche während einer Jugendfreizeit, die gescheiterte Teenagerliebe, diese unselige Dreiecksbeziehung mit Anfang 20, vielleicht ein Ausflug ans »andere Ufer«, dann noch zwei, drei oder 27 Liebschaften, bis endlich der oder die Richtige kam. Oder gehören Sie zu den wenigen Personen, die die große Liebe Ihres Lebens auf dem Schulhof trafen und bis ans Ende Ihrer Tage glücklich zusammen leben?

Die offizielle Version Ihres Liebeslaufs liest sich wahrscheinlich etwas weniger verworren als das heimliche Hin und Her Ihrer missglückten Lieben. Das ist die Geschichte, die Sie sich als Paar immer wieder erzählen, und die Sie so auch Ihren Kindern erzählen würden: Sie haben sich kennengelernt, vielleicht offiziell Ja gesagt, möglicherweise haben Sie ein oder zwei Wochen irgendwo geflittert, dann kamen die Kinder und so weiter. Auch, wenn Sie sich »offiziell« getrennt oder zwei oder mehr Ehen geführt haben – dies alles zählt zu Ihrem Liebeslauf. Und darum soll es in diesem Kapitel gehen.

Jede ganz normale Partnerschaft ist ein Drama mit Krisen und Verstrickungen, Konflikten und Verwicklungen, Enttäuschungen und Bruchlandungen. Zugleich ist sie aber auch eine Geschichte voller Liebe, Hoffnung und Glück. Eine Geschichte, im Lauf derer die Protagonisten sich weiterentwickeln und reifen – was ohne die bereits erwähnten »Growing Pains« leider nicht zu haben wäre.

So unangenehm diese Schmerzen auch sind – sie sind völlig normal. Der Psychiater Jürg Willi spricht sogar von »Normalkrisen«, was geradezu paradox klingt. Bezogen auf die Institution der Ehe schreibt er: »Nicht das Auftreten von Ehekrisen ist das Pathologische. Die pathologischen Phänomene der Ehe treten vielmehr oft erst durch das Ausweichen vor diesen an sich normalen und unumgänglichen Reifungskrisen auf.«

Genau hier kommen die Schweinehunde ins Spiel. Vielleicht will ein Schweinehund sich nicht endgültig für einen Partner entscheiden und immer nur lustig weiter spielen? Ein anderer spielt die beleidigte Hundewurst, weil das neugeborene Baby plötzlich die gesamte Oberkörperregion der Partnerin für sich allein beansprucht? Der nächste will nicht einsehen, dass Kinder jenseits der 20 das dringende Bedürfnis haben, ihre Koffer zu packen und eigene Wege zu gehen? Um es zusammenzufassen: Immer, wenn die Schweinehunde das Glück festhalten und einfrieren wollen, kippt es um ins Gegenteil.

Zwischen Verschmelzung und Trennung

»Unabhängig von Familienphasen und dem individuellen Lebenszyklus hat die Liebesbeziehung (…) eine eigene Entwicklungsdynamik, die die Lebenskurve der beiden Individuen überlagert«, ist Psychologieprofessor Dirk Revenstorf überzeugt. Seiner Einschätzung nach pendelt das Paar während des gesamten Liebeslaufs zwischen zwei Polen hin und her: Auf der einen Seite steht der Wunsch nach Verschmelzung, auf der anderen Seite der nach Trennung. Je nach Liebesphase kommt eine andere Thematik ins Spiel. In der Verliebtheit suchen beide die Nähe des anderen. Nach etwa zwei Jahren tauchen die Partner aus der Symbiose auf, jeder schaut wieder verstärkt auf eigene Interessen und Bedürfnisse. Kinder sind vielleicht ein gemeinsames Projekt, für den Erfolg im Beruf kämpft jeder allein (es kann auch umgekehrt sein). Den Rückzug aus dem Arbeitsleben und den Auszug der Kinder müssen beide Partner bewältigen, mit dem Tod will sich möglicherweise jeder lieber allein auseinandersetzen.

Zu Problemen kommt es, wenn die Schweinehunde jede Form der Differenzierung verhindern wollen. Sie ketten die Partner dann so eng zusammen, dass jeder den anderen behindert und auch keine gemeinsame Entwicklung mehr möglich ist. Anders gesagt: Gilt das Motto »Wir sind ja so harmonisch!« als ehernes Gesetz, dann gären Konflikte unter der Oberfläche. Es stinkt beiden, aber keiner sagt etwas.

Umgekehrt ist es auch problematisch, wenn beide am Pol der Differenzierung stecken bleiben: Da macht der eine Karriere in London und der andere in München, oder der eine steigt steil im Unternehmen auf, während der andere ganz im Privaten verschwindet. Finden die Schweinehunde den Dreh zur Annäherung nicht mehr, dann ist es bald aus mit der Intimität. Das Paar lebt dann zwar gemeinsam, aber aneinander vorbei, ohne echten Kontakt. Oder es trennt sich ganz.

Wir erzählen den Liebeslauf in acht Akten. Das ist reine Willkür – Sie können sich Ihre eigene Geschichte auch als Einakter oder als Story in 13 Bildern vorstellen.

1. Der Start: Dates und Flirts
2. Schweben auf Wolke Sieben
3. Sturz auf den Boden der Tatsachen
4. Happy End: Heiraten (oder nicht)
5. Ihr Kinderlein kommet
6. Eltern allein zu Haus
7. Ältere Paare
8. Unhappy End: Trennung

Der Schweinehund im Liebeslauf

Lassen Sie uns nun anschauen, wie der Schweinehund das Liebesleben durcheinander bringt. (In der besten Absicht, versteht sich – aber das macht das Ergebnis kein bisschen besser.)

1. Der Start: Dates und Flirts

Sind Sie seit 20 Jahren verheiratet? Dann haben Sie vielleicht schon fast vergessen, wie aufregend die erste Phase der Paarbildung ist. Da werden Gänseblümchenblüten gezupft (»Er liebt mich, er liebt mich nicht ...«), Blicke gezählt oder das Telefon hypnotisiert, damit es endlich bimmelt oder die nächste SMS aufleuchtet. Der Schweinehund schwankt zwischen der Hoffnung, dass der Traumpartner fürs Leben nun endlich auf der Bildfläche erscheint, und der Angst davor, dass diese Gestalt auf der Bildfläche jetzt schon der Traumpartner fürs Leben gewesen sein soll. Jürg Willi schreibt: »Diese Phase der Paarbildung kann sehr belastend sein. Sie ist oft erfüllt von Ängsten und Zweifeln; Angst vor der Ablösung von zu Hause, Angst, sich dem Partner auszuliefern, Angst vor Bindung, Verpflichtung, Verantwortung; Angst, sich in der Anpassung an den Partner selbst aufgeben zu müssen; Angst, in der gemeinsamen Aufgabe oder sexuell zu versagen.« Introvertierte Schweinehunde verkriechen sich jetzt hinter dem Ofen.

Extravertierte Exemplare erleben diese Phase ganz anders: Sie starten eine groß angelegte Jagd, freuen sich über jeden Erfolg, können es kaum erwarten, den ersehnten Partner endlich vor den Traualtar, über die Schwelle des Einfamilienhauses oder der 3ZKBB und dann ins Ehebett zu schleppen (auch wenn Ihr Schweinehund genau weiß, dass diese Reihenfolge heute kaum noch Gültigkeit hat.)

Folgende schweinehundgesteuerte Pannen können in dieser frühen Phase der Paarbildung passieren:

Mit der Tür ins Haus: Sie sitzen mit einem Buch im Café. Zwei Tische weiter sehen Sie eine außerordentlich attraktive Person, die Zeitung liest. Sie schauen sich kurz an. Sie vertiefen sich beide wieder in Ihre Lektüre. Sie schauen sich noch einmal an. Nippen beide an Ihrem Kaffee. Lesen wieder. Schauen wieder. Dann steht diese außerordentlich attraktive Person auf, kommt zu Ihnen und sagt: »Zu mir oder zu dir?«

Wie würden Sie reagieren? Würden Sie eher sagen: »Okay, gehen wir zu mir. Ich habe zufällig gerade aufgeräumt!« Oder doch eher: »Sie Rüpel! Was fällt Ihnen denn ein!?«

Es mag sicherlich Ausnahmen geben, aber in den meisten Fällen schlägt der Schweinehund kräftig an, wenn jemand derart mit der Tür ins Haus fällt. Schweinehunde fühlen sich schnell angegriffen, bellen, beißen oder nehmen Reißaus. Sie brauchen ihre eigene Zeit, sich anzunähern und zu beschnüffeln. Sie wollen umwedelt werden, aber bitte nicht zu aufdringlich. Deshalb hat der Satz »Zu mir oder zu dir?« beim ersten, vorsichtigen Flirt überhaupt nichts verloren.

Cinderella sucht Herkules: »Für manche Frauen sind Männer die Kirsche auf der Torte ihres Lebens, für andere die gesamte Sahnedekoration und für wieder andere die Torte selbst. Deshalb sind die Erwartungen an sie zwar unterschiedlich, aber dennoch in den meisten Fällen zu hoch«, schreibt Rita Pohle in ihrem Beziehungsratgeber *Weg damit! Die Liebe befreien.* Erwarten Sie auch von Ihrer Beziehung,

- dass sich Ihr Lebensstandard verändert,
- dass Sie glücklicher sind,
- dass Sie im Alltag entlastet werden,
- dass Sie über einen Ex-Partner hinwegkommen,
- dass Ihnen jemand hilft, Ihre Probleme zu lösen,
- dass Sie sich endlich nicht mehr langweilen oder
- dass Ihr Leben einen Sinn bekommt?

Erkennen Sie sich wieder? Dann könnten Sie versehentlich in die Rolle der Cinderella gerutscht sein, die auf der Suche nach Herkules ist (oder umgekehrt: ein Softie auf der Suche nach Superwoman sein). Wenn Sie einen Partner suchen, der Sie »rettet«, bis ans Ende Ihrer Tage rundum versorgt und von oben bis unten mit Glück überschüttet, dann ist es gut möglich, dass Ihr Schweinehund jeden Flirt vereitelt. Kein Prinz oder keine Superwoman ist ihm gut genug.

Keiner traut sich: Es kann auch passieren, dass beide Schweinehunde dermaßen schüchtern sind, dass sie beide – aus Angst (um nicht zu sagen Feigheit) – die gemeine Unmöglichkeitstaktik ausspielen.

Ihr Schweinehund: »Das kann doch mit den beiden gar nicht klappen!« – Darauf seiner: »Nein, das glaube ich auch nicht! Also lassen sie es besser gleich …!«

Die Schweinehündin bestimmt das Spiel

Schade um die verpasste Chance. Denn flirten ist viel einfacher als gedacht. Es ist gar nicht so, dass immer der Mann seinen inneren Schweinehund überwinden und eine Frau ansprechen muss. Und es ist auch nicht so, dass eine Frau sehr attraktiv aussehen muss, um von einem Mann angesprochen zu werden. Beide Vorstellungen sind weit verbreitet und jagen den Schweinehunden in jeder Situation mit Flirtpotenzial Angst und Schrecken ein. Kraulen Sie Ihren treuen Begleiter hinter den Schweineohren und erzählen Sie ihm, was die Psychologen Debra Walsh und Jay Hewitt in einer Feldstudie herausgefunden haben:

Sie setzten eine Schauspielerin in eine Bar und ließen diese Männer anschauen. Und zwar entweder »besonders auffordernd« (sie schaute mehrere Male und lächelte dabei) oder »auffordernd« (sie schaute wiederholt, aber ohne eine Miene zu verziehen) oder »spröde«. Das Ergebnis: 60 Prozent der besonders intensiv beäugten Männer trauten sich zum Tisch der Schauspielerin, von den auffordernd angeschauten waren es 20 Prozent, die spröde angeblickten kamen gar nicht herüber. Aus dieser und weiteren Studien lernen wir: Die Frau steuert den Flirt, der Mann reagiert – »wie eine Marionette« wäre vielleicht zu viel gesagt. Jedenfalls entscheidet nicht die Attraktivität der Frau darüber, ob sie angeflirtet wird, sondern die Zahl und Qualität der von ihr ausgesendeten Flirtzeichen.

Also, liebe Schweinehunde: Euer Mensch braucht gar nicht selbst die Initiative zu ergreifen, sondern muss lediglich Ausschau nach nonverbalen Einladungen halten. Und, liebe Schweinehündinnen: Auch wenn euer Frauchen nicht wirklich aussieht wie Barbie oder Halle Berry – macht nichts! Einfach die besten Männer-Exemplare anschauen und anlächeln, und schon kommen sie herbei.

Weil männliche Schweinehunde im Kern ganz schüchtern sind, braucht es wirklich mehrere Flirtsignale, berichtet die Autorin

Doris Märtin: Die Verhaltensforscherin Christiane Tramitz konnte zeigen, dass nur einer von zehn Singles gleich auf das erste Zeichen anspringt, alle anderen brauchten zwei, drei oder vier Hinweise. Nach dem vierten Zeichen reagiert immerhin die Hälfte der angeflirteten Herren.

Wenn aus dem Augenzwinkern mehr werden soll, sind jetzt wieder die Frauen dran. Was zu tun ist? »Autoerotische Berührungen« empfiehlt Doris Märtin. Keine Angst, das ist kein bisschen unanständig. Sie müssen nur ein bisschen an Ihren Haaren herumnesteln, an Ihrem Hals oder an Ihrem Pulli – das muss nicht aussehen wie bei einer Shampooreklame. Sie dürfen ruhig auch ganz schüchtern wirken, denn das signalisiert dem Schweinehund Ihres Gegenübers: »Keine Angst, ich beiße nicht. Ich will nur spielen.« Das langsame Umgreifen eines Weinglases oder genüssliche Nippen am Cappuccino wirken offenbar auch. Nützlich ist es auch, dem angeflirteten Mann ein wenig mehr Sicht zu verschaffen, indem Sie zum Beispiel die großformatige Tageszeitung weglegen oder Ihr riesiges Notebook zuklappen. Natürlich wirkt das Ganze nur, wenn Sie nicht wie eine Schauspielerin agieren, sondern den Flirt ganz unbewusst geschehen lassen.

Ein Missverständnis müssen wir an dieser Stelle ausräumen, damit es gar nicht erst auftaucht. Mit »autoerotischen Berührungen« sind ausschließlich »Selbstberührungen« gemeint. Mit Berührungen im Auto hat das überhaupt nichts zu tun. Wer zu schnell grabscht, hat ohnehin das ganze Spiel verdorben, findet die Schweinehündin – und zieht ganz schnell einen Schlussstrich.

Der erste Satz

Jetzt muss etwas gesagt werden. Es darf nicht zu viel Zeit verstreichen, sonst ist alles verloren.

Nun sträubt sich Ihrem Schweinehund und dem Ihres Gegenübers womöglich schon das Nackenhaar. Dabei ist alles wieder viel einfacher als gedacht: Männer nämlich interessiert es nicht, *wie* Frauen das Gespräch eröffnen, sondern nur *dass* sie es tun. Sagen Sie also einfach:

- »Hallo!«

Oder so etwas Ähnliches. Dann kann es völlig banal weitergehen:

- »Ein schöner Tag heute, nicht wahr?«
- »Hält die S-Bahn eigentlich auch in Gustavsburg?«
- »Ich heiße Sabine, und du?«

Im Grunde gilt das Gleiche für Männer. Sie müssen sich allerdings klar machen, dass Schweinehündinnen bei bestimmten Sprüchen, wie etwa den folgenden, einen Nervenzusammenbruch bekommen.

- »Kennen wir uns?« (Es sei denn, es stimmt.)
- »Bist du Single?« (Zu direkt.)
- »Du hast schöne Augen.« (»Und du gleich eine dicke Lippe!«)
- »Machst du mir morgen mein Frühstück?« (Geht gar nicht.)

Wenn Sie sich tiefer in diese Thematik einarbeiten wollen, geben Sie das Stichwort »Anmachsprüche« in eine Internetsuchmaschine ein. Es ist erstaunlich, wie viele Menschen sich mit dem Sammeln und Auswerten dieser Kommunikationsform befassen.

Der erste Small Talk

Nach dem ersten Satz muss natürlich noch etwas kommen, wenn die Geschichte weitergehen soll. Hier gelten die ganz normalen Regeln der Kunst der kleinen Kommunikation (in den Buchhandlungen stapeln sich mittlerweile Titel zum Thema Small Talk – schauen Sie sich dort einfach mal um). Deshalb wollen wir hier nur sagen, welche Themen die Schweinehunde in die Flucht schlagen.

Die meisten Schweinehunde von Männern reagieren allergisch auf Themen wie:

- Gewichtsprobleme: »Ich fühle mich heute mal wieder total dick.« (»Schon wieder eine, die nur Salat isst!«)
- Astrologie: »Unsere Sternzeichen passen total gut zusammen!« (»Ach was. Welches habe ich denn?«)

Schweinehündinnen mögen tendenziell folgende Themen nicht:

- Sportverletzungen: »Schau mal, meine Narbe!« (»Ein Aua! Ach Gottchen …«)
- Computer: »Meine neueste Festplatte hat … und kann …« (»Gähn!«)

Für beide gilt: Lästereien über den oder die Ex sind tabu. Gefährlich sind die Themen Tod (verdirbt jede gute Laune), außerdem Religion, Politik und Sport – es sei denn, Ihre beiden Schweinehunde lieben Kontroversen über Konfessionen, Parteien und Vereine.

Achten Sie darauf, dass Sie nicht nur über sich selbst sprechen, sondern Ihr Gegenüber auch zu Wort kommt. Angeber kommen bei Schweinehunden übrigens ganz schlecht an, das Gleiche gilt aber auch für den umgekehrten Fall: Wenn Sie dazu neigen, sich selbst als ganz klein, unbedeutend und ungeschickt darzustellen (vielleicht, um nach Komplimenten zu fischen?), könnte es sein, dass Ihr Gegenüber Ihre jämmerliche Selbsteinschätzung übernimmt und sich fragt, warum er sich überhaupt mit Ihnen abgeben soll.

Am besten ist es, wenn Sie sich den Ball locker hin und her spielen. So fühlt sich auch keiner der Schweinehunde verhört (»Wie viel verdienst du? Welches Auto fährst du? Welchen sozialen Status haben deine Eltern? Wie wohnst du? Welche Hobbys hast du? Welche Partei wählst du? Welche Werte sind dir wichtig? Was willst du im Leben erreichen? …«). Natürlich wollen Sie alles über Ihren potenziellen Traumpartner wissen. Aber Geduld. Wenn mehr aus Ihnen wird, haben Sie noch genug Zeit, sich über alles zu unterhalten.

Tauschen Sie also Ihre Telefonnummern aus (oder geben Sie Ihre heraus, wenn Sie sehr interessiert sind), oder verraten Sie zumindest Ihren Namen und geben Sie einen Hinweis, wo Ihre Kontaktdaten im Internet zu finden sind (Xing, StudiVZ, Wer-kennt-wen).

Sich wieder treffen

Wenn bisher alles geklappt hat, können Sie sich schon einmal gratulieren. Jetzt kommt der zweite Schritt: Das nächste Treffen. Sehen Sie zu, dass nicht zu viel Zeit verstreicht. Und sorgen Sie für Herzklopfen. Forscher haben nämlich herausgefunden, dass wir kein Herzklopfen haben, weil wir uns verlieben, sondern dass wir uns verlieben, weil wir Herzklopfen haben.

Das beweist zum Beispiel ein Experiment aus dem Jahr 1966, in dem Männern eine Reihe von Aktbildern vorgelegt wurde. Die Probanden sollten die Attraktivität der dargestellten Frauen bewerten. Während der Studie trugen die Männer ein Mikrofon auf ihrer Brust, sodass sie glaubten, ihren eigenen Puls zu hören. Tatsächlich aber kam der Puls von einem vorbereiteten Tonband, das bei gewissen Bildern eine erhöhte Pulsfrequenz vorspielte. Genau diese Bilder bekamen von den Männern mit Abstand die besten Noten.

Also: Treffen Sie sich so, dass Ihr Gegenüber Herzklopfen bekommt. Sonnenauf- und Untergänge zum Beispiel sind fast überall günstig zu haben, in Großstädten finden sich Bars in den oberen Etagen von Wolkenkratzern, Kirchtürme lassen sich vielerorts ebenfalls besteigen, und wenn gar nichts anderes da ist, gehen Sie eben ins Kino.

Flirten mit dem inneren Schweinehund	
Das ärgert den Schweinehund	**Das mag der Schweinehund**
Potenzielle Flirtpartner, die abweisend oder einfach nur stoffelig dreinschauen.	Der Flirtpartner schaut mehrmals herüber und lächelt.
Anmachsprüche, die dreist sind, kindisch oder einfach nur dumm.	Der erste Spruch klingt freundlich, unkompliziert und überhaupt nicht nach Anmache.
Der Flirtpartner redet nur über sich selbst – oder startet eine Art Verhör.	Das erste Gespräch läuft leicht und locker – und der Flirtpartner interessiert sich für das, was sein Mensch zu sagen hat.
Der Flirtpartner grabscht. Das geht überhaupt nicht.	Der Flirtpartner versteht es, zu »kribbeln« – ausschließlich mit nonverbalen Mitteln.
Das erste Treffen ist alles andere als aufregend.	Beim ersten Treffen schlägt dem Menschen das Herz bis zum Hals.

2. Schweben auf Wolke Sieben

In der Phase der ersten Verliebtheit leben Sie irgendwo auf Wolke Sieben. Vor lauter Schmetterlingen im Kopf und Flugzeugen im Bauch sind Sie weder Herr Ihrer Sinne noch Ihres Verstands. Klinisch gesehen, schreibt Dirk Revenstorf, ist Verliebtheit eine »Art Geisteskrankheit«. Die damit einhergehenden biochemischen Veränderungen im Gehirn sind vergleichbar mit einer »Manie«, also einer extremen Stimmungslage aus guter Laune und Risikofreudigkeit.

Jetzt gilt: Alle Macht den Schweinehunden! Wer verliebt ist, der ist unvernünftig, er ist hingerissen, ihm ist kein Weg zu weit und kein Hindernis zu hoch. »Die Verliebtheit ist wie eine Befreiung von der Qual, sich entscheiden zu müssen, weil der *eine* Impuls zum Andern hin das Bewusstsein gebieterisch besetzt«, so Revenstorf. »Es ist eine Art Besessenheit.«

»Auf Wolke Sieben schwebt es sich besonders gut!«

Biologen würden diese Lust, sich dem eigenen Schweinehund eine Zeit lang auszuliefern, wohl völlig nüchtern als einen Trick der Natur erklären, damit das Menschengeschlecht nicht ausstirbt: Im Zustand der Verliebtheit sind uns alle Regeln oder Bedenken so egal, dass wir uns nur fortpflanzen wollen.

Was für eine Hoch-Zeit für den Schweinehund! Er darf sich ungehemmt austoben und für Lustbefriedigung sorgen. Weit und breit ist niemand, der irgendetwas von »Den inneren Schweinehund überwinden!« sagt. Aus Schweinehund-Perspektive ist dies ein paradiesischer Zustand. Kein Wunder, dass manche Exemplare jede Beziehung nach der Phase der Verliebtheit abbrechen, um schnell wieder einen neuen Partner zum Verlieben zu finden.

In dieser Phase sind jedoch auch einige Schweinehund-Herausforderungen zu meistern, die wir Ihnen im Folgenden vorstellen möchten.

Ich bin du und du bist ich

»In der Phase der symbiotischen Verschmelzung während der Verliebtheit, die normalerweise vielleicht zwei Jahre dauert, sind beide Partner geneigt zu sagen: Ich bin du und du bist ich, und beide geben ein Teil ihrer Identität und Autonomie auf«, hat Dirk Revenstorf beobachtet.

Dabei kann etwas passieren, das wir schon zu Beginn dieses Buchs erwähnt haben: Es finden sich Paare zusammen, die sich – auf den ersten Blick – ideal ergänzen, sich später aber in einer komplizierten Psychodynamik verstricken. Der Machtmensch findet einen sanftmütigen Partner, der sich gern leiten lässt, der Kontrolleur einen Schussel, der ohne ständige Überwachung nicht lebensfähig zu sein scheint, der Eifersüchtige einen Casanova. In der anfänglichen Verschmelzung erleben beide Partner eine scheinbare Bereicherung. Sie fühlen sich in Kontakt mit den psychischen Mechanismen, die ihnen selbst fehlen: Entscheidungsfreude (oder vice versa die Gabe, sich beeinflussen zu lassen), die Fähigkeit der Selbststeuerung, Vertrauen. Weil sie diese Fähigkeiten aber an den Partner delegieren, entsteht eine gegenseitige Abhängigkeit (mehr dazu haben wir in Teil I geschrieben), die den nächsten Entwicklungsschritt des Paares – sich zu differenzieren – unmöglich macht.

Ich will so bleiben, wie ich bin

Neben den Schweinehunden, die sich am sichersten fühlen, wenn Herrchen oder Frauchen möglichst komplett mit dem neuen Partner verschmilzt, gibt es auch auf Abstand bedachte Exemplare.

Sie fürchten sich davor, dass ihr Mensch sich im Kontakt mit dem neuen Partner verliert, sich vielleicht selbst aufgibt. Dabei ist es normal und sogar notwendig, dass beide Partner sich aufeinander einstellen und dabei ihre Persönlichkeit ein wenig um- oder vielleicht sogar neu strukturieren. Der Schweizer Psychologieprofessor Jürg Willi erklärt das so: »Manches, was in der Adoleszenz erworben wurde, wird wieder aufgegeben, weil es vom Partner nicht beantwortet und verstärkt, sondern gehemmt und abgelehnt wird. Manches wird dem Partner abgetreten und ihm überlassen (…). Andererseits wird die persönliche Entwicklung in mancher Hinsicht durch das Zusammenleben gefördert und zur Reife gebracht, nicht nur weil es die gemeinsame Aufgabe so erfordert, sondern auch weil der Partner einem diese Reife abverlangt.«

Möglicherweise geht der Schweinehund gerade zu Beginn einer Partnerschaft Zähne fletschend auf die Barrikaden, um sich hartnäckig in jeder Auseinandersetzung zu behaupten. »Wer am Anfang auch nur ein Mal nachgibt, wird das ganze Leben lang unterdrückt«, raunt er seinem Menschen ängstlich ins Ohr. So kann es zu bitteren Auseinandersetzungen um Rollen und Rang der Partner, Aufgaben und Verantwortung, um den »richtigen« Tagesablauf, die »richtige« Balance zwischen Arbeit und Freizeit und die »richtigen« Normen und Werte kommen.

Auf Wolke Sieben mit dem inneren Schweinehund	
Das ärgert den Schweinehund	**Das mag der Schweinehund**
Wenn Restbestände der Ratio auch in der Phase des Verliebtseins funktionieren.	Wenn der Mensch bis über beide Ohren wahnsinnig verliebt ist, hat der Schweinehund endlich das Heft in der Hand.
Einige Exemplare fürchten, dass ihr Mensch sich in der Verschmelzung für immer selbst aufgibt.	Wenn sein Mensch so mit dem geliebten Partner verschmilzt, dass dieser Partner all das für ihn übernimmt, was er selbst nicht gern tut.

3. Sturz auf den Boden der Tatsachen

Ein verliebtes Paar schwebt durchschnittlich zwei Jahre lang auf Wolke Sieben – dann fällt es runter. Willkommen auf dem Boden der Tatsachen! Nach der Phase der glückseligen Verschmelzung steht jetzt nach Dirk Revenstorf »Differenzierung« auf dem Programm. Klingt ungemütlich, tut aber gut – also kein Grund für Ihren Schweinehund, sich zu verstecken! »Differenzierung« bedeutet hier, dass Sie sich und Ihrem Partner Lebensbereiche zugestehen, die Sie nicht miteinander teilen: Pflegen Sie Ihre Freundschaften, gehen Sie Interessen nach, auch wenn Ihr Partner sie nicht teilt. Gleichzeitig sollten Sie aber auch andere, gemeinsame Bereiche und Interessen ausbauen: Suchen Sie sich ein gemeinsames Hobby, gehen Sie miteinander aus oder vereinbaren Sie einen regelmäßigen gemeinsamen Kinoabend. Wenn Sie das schaffen, können Sie sich einander wieder annähern, ohne sich aufzugeben.

Theoretisch klingt das wunderbar und einfach, praktisch bricht jetzt bei vielen Paaren ein Kleinkrieg aus. »Die Liebe stirbt meist an den kleinen Fehlern, die man am Anfang so entzückend findet«, wusste schon Albert Schweitzer. Wir könnten auch sagen: Die

Ein gemeinsames Hobby tut der Partnerschaft gut

Liebe leidet unter den Marotten der Schweinehunde und geht gelegentlich daran zugrunde.

Vielleicht lässt sie immer irgendetwas im Spülbecken liegen, während er seine Schuhe überall verteilt. Vielleicht knipst er das Licht im Flur nie aus, und sie reguliert die Heizungen heimlich herunter. Vielleicht erträgt sein Schweinehund ihre Witze nicht mehr, über die er anfangs noch schmunzeln konnte (»Ja, ja, es reimt sich, aber es ist *nicht* lustig!!«). Und ihrer geht auf dem Zahnfleisch, weil seiner immer und überall Lärm verbreitet (»Muss man die Spülmaschine mit so viel Getöse ausräumen?«).

Nachdem die Schweinehunde auf Wolke Sieben ungehemmt für Lustbefriedigung sorgen konnten, werden sie jetzt mit den persönlichen Abgründen ihres Partners konfrontiert. Es kommt zu den folgenden Herausforderungen.

Deine Macken, meine Macken

Beide Partner haben Marotten, Spleens, kleine Schwächen. Das ist besonders für Paare vom Typ »Chaot und Controller« schwer zu verstehen, wo der kontrollierende Part dazu neigt, sich selbst als weitgehend mackenfrei und den anderen als beinahe lebensuntauglich einzuschätzen.

Marie und Elof haben sich schon während der Schulzeit kennen und lieben gelernt. Sie können es kaum erwarten, sich nach Schulabschluss an der gleichen Universität einzuschreiben und die erste gemeinsame Wohnung zu beziehen. Die ersten Wochen erleben sie als herrlich: Endlich kontrolliert kein Elternteil mehr, wie sie den lieben langen Tag verbringen. Danach jedoch verliert Maries rosa Brille ihre Wirkung. Plötzlich sieht sie überall störende Kleinigkeiten. Da sie praktisch veranlagt ist, rückt sie diesen mit grellgelben Post-its zu Leibe. »Nach Gebrauch abwischen und zuklappen«, klebt sie zum Beispiel auf die Brotmaschine. »Zuschrauben und zurück in den Kühlschrank«, pappt sie auf die Milchtüte. Eine Notiz mit den Worten »Ich möchte gern im Regal stehen« prangt plötzlich auf Elofs linkem Hausschuh. Der traut seinen Augen nicht.

Gegen solche Macken gibt es mehrere Mittel. Sie können Ihrem schusseligen Partner zum Beispiel allerlei Sortierkisten, Magnetleisten und Haken in den Weg hängen, die seine Siebensachen strategisch abfangen, bevor sie in irgendwelchen Ecken unschöne Klumpen bilden. Sie können die Macken Ihres Partners aber auch einfach mit Humor nehmen. Schweinehundfreundlicher ist diese Variante allemal.

Vielleicht sehen Sie sich den Sachverhalt einmal betriebswirtschaftlich an: Lohnt es sich wirklich, Ihre wertvolle Energie in das perfekte Verräumen von Socken zu investieren? Sollten Sie sich nicht lieber den strategisch wichtigeren Fragen zuwenden (»Wie und wo wollen wir in fünf Jahren leben?«) – oder einfach Spaß miteinander haben?

Marie und Elof aus dem Beispiel oben lösen ihr Problem auch mit Humor:

Elof beschwert sich: »Ich dachte, hier habe ich endlich meine Freiheit – und jetzt ist es schlimmer als zu Hause!« »Und ich habe den Eindruck, dass uns eine riesige Chaoswelle wegspült, wenn ich nichts gegen deine Schlamperei unternehme«, entgegnet Marie. »Ja, Mama!«, sagt Elof mit schuldbewusst-kugeläugigem Blick. Dann müssen beide lachen – und nehmen sich vor, sich ein wenig zu bessern und in Sachen Chaos und Kontrolle einen Kompromiss zu schließen.

Zu dir oder zu mir?

Der Einzug in die gemeinsame Wohnung ist eine ungeheure Herausforderung für jeden Schweinehund. Eigentlich, findet er, geht das gar nicht. (Oder haben Sie schon einmal einen Hund gesehen, der in seinem Körbchen freiwillig zur Seite rückt, damit dort ein zweiter Hund Platz nehmen kann?)

Besonders herausgefordert sind Paare, bei denen einer der Schweinehunde den Stillstand fürchtet und der andere die Veränderung. Setzt sich der Veränderer durch, und wird der Einzug in die gemeinsame Wohnung holterdiepolter übers Knie gebrochen, dann kann die Beziehung blitzschnell zum Scheitern verurteilt sein. Andererseits: Zögert der Stillstandliebende den Schritt in die gemeinsamen vier Wände endlos hinaus, kann dies die Beziehung ebenfalls auf die Zerreißprobe stellen. Mit etwas Feingefühl kann diese schwierige Herausforderung aber auch gemeistert werden, wie das folgende Beispiel zeigt.

Anton und Katinka wollen zusammenziehen. Antons Schweinehund hat nichts gegen Veränderungen, die Schweinehündin seiner Freundin aber ist ein besonders empfindliches Exemplar, das von jeder Veränderung aus der Bahn geworfen wird.

Deshalb schlägt Anton vor, das Projekt ganz langsam anzugehen. Zunächst wohnen sie also noch zwei Jahre lang in getrennten Wohnungen. Dann erstellen die beiden eine Liste mit allen Kriterien, die ihre neue Wohnung erfüllen muss. Sie kommen auf 17 Punkte (von Thermopenfenstern über Gasetagenheizung bis hin zur maximalen Entfernung zum nächsten Autobahnanschluss). Die Schweinehündin fühlt sich ein wenig beruhigt. Wenn die Anforderungen so hoch sind, ist es ja recht unwahrscheinlich, dass überhaupt etwas Bewohnbares gefunden wird.

Anton und Katinka besichtigen viele Monate lang Wohnungen – schließlich kommen zwei infrage. Die Schweinehündin ist dem Nervenzusammenbruch nahe. Anton lässt sich den Grundriss geben. Er skizziert die Wohnung am heimischen Computer und fertigt für jedes vorhandene Möbelstück ein grafisches Symbol an. So kann Katinka die Wohnung schon am PC einrichten. Ihre Schweinehündin beruhigt sich wieder. Ganz in Ruhe knobelt das Paar aus, welches Möbelstück wo stehen könnte, was aussortiert und was gegebenenfalls neu angeschafft werden muss. Um die schon wieder unruhig werdende Schweinehündin zu besänftigen, lassen sich Anton und Katinka in einem Möbelhaus ausgiebig beraten. Sie unterschreiben den Mietvertrag. Sie bestellen den Sperrmüll, die neuen Möbel und eine Umzugsspedition. Für den Umzug selbst nehmen sie sich zwei Wochen Zeit. Die Schweinehündin ist am Rande ihrer Belastungsfähigkeit, hält dank der rücksichtsvollen Behandlung aber durch, ohne zusammenzubrechen und das gemeinsame Projekt des Paares (oder das Paar selbst!) in Gefahr zu bringen.

Der Einzug in eine neue gemeinsame Wohnung mag einfacher sein, als wenn der eine Partner zum anderen zieht. Denn auf die neue Behausung müssen sich beide Schweinehunde einstellen, während im anderen Fall der alteingesessene Geselle dem Neuling Platz machen muss. Hier ein paar Gegenargumente für den Fall, dass Sie in die Wohnung Ihres Partners oder Ihr Partner in Ihre Wohnung einzieht und der Schweinehund sich dabei total querstellt.

Zusammenziehen mit dem inneren Schweinehund	
Das sagt der Schweinehund	**So können Sie ihn beruhigen**
Wenn der Neue seinen ganzen Kram mitbringt, haben wir ja alles doppelt!	Keine Sorge, wir werden vieles sogar in drei- oder vierfacher Ausführung haben. Genug Auswahl also, um die besten Stücke zu behalten.
Ich bin absolut dagegen, dass du nur ein Stück von deinen Sachen aussortierst.	Selbst wenn nach ein paar Jahren überhaupt kein Stück der momentanen Ausstattung mehr vorhanden sein sollte, heißt das nicht, dass dein Herrchen »herausgewohnt« oder sogar »vernichtet« wurde.
Ich will nicht, dass die Wohnung sich verändert.	Sollten wir eine Familie gründen, kannst du sicher sein, dass sich die Wohnung dauernd verändern wird. Ein Krabbelkind braucht eine andere Umgebung als ein 14-Jähriger.

Zusammenziehen mit dem inneren Schweinehund	
Das sagt der Schweinehund	**So können Sie ihn beruhigen**
Seine/Ihre Sachen passen überhaupt nicht zu deinen.	Stimmt. Wir werden also gemeinsam einen ganz neuen Stil entwickeln müssen. Das ist doch eine schöne Aufgabe.
Ich mag keine hellen Sofas mit Kuschelfellen/-decken.	Klar, du bist ja auch ein Schweinehund und brauchst einen schwarzen Ledersessel mit Extratasche für Fernbedienungen. Überlass das Kuschelsofa der Schweinehündin.
Ich kann überbreite Flachbildschirmfernseher mit hochglänzendem Standfuß nicht ausstehen.	Klar, du bist ja auch eine Schweinehündin. Technik ist für dich nicht wichtig – vielleicht findest du die Geräte sogar hässlich. Der moderne Schweinehund braucht diese Geräte aber so dringend wie der prähistorische Schweinehund seine Zwölfendergeweih.

Bei meiner Mutter schmeckt das anders

Paare, die sich nach dem Modell Versorger/Pflegling zusammengefunden haben, können nach dem Absturz aus dem Wolke-Sieben-Himmel ganz besonders böse erwachen. Das gilt für beide Seiten: Gab sich der Partner, der es seit jeher gewohnt ist, von vorn bis hinten verwöhnt zu werden, während der Werbungsphase noch alle Mühe, dem/der Geliebten etwas Gutes zu tun, fällt er jetzt gnadenlos in die Rolle des Pfleglings zurück. Man könnte meinen, dass sich der Schweinehund lange auf diesen Moment gefreut hat: Endlich braucht sich sein Herrchen/Frauchen nicht mehr anzustrengen! Doch statt eines glückseligen Wohlgefühls breitet sich maßlose Enttäuschung im Schweinehund-Körbchen aus. Und statt Dankbarkeit zeigt er unbändigen Zorn! Er beschwert sich:

- »Deine Mutter hat besser gewusst, was dir schmeckt!«
- »Warum merkt er/sie nicht, dass du geschont werden musst?«
- »Die Hausschuhe stehen nicht bereit, das Handtuch ist nicht vorgewärmt, es steht keine Schale mit geschnittenem Obst da, und die Zeitung von heute ist auch nirgends zu finden. So viel Unaufmerksamkeit! Da kann es mit der Liebe ja nicht weit her sein.«

Dem Gegenüber geht es nicht besser. Von jetzt auf gleich hat sich der geliebte Partner/die Partnerin in einen Schwächling, einen Schmarotzer, eine Diva oder in ein unselbstständiges Mädchen verwandelt. Nicht auszuhalten! Kein Wunder, dass auch der Schweinehund des Versorgenden auf die Barrikaden geht:

- »Was bildet er/sie sich eigentlich ein? Bist du plötzlich der Hausdiener?«
- »Du hast auch einen harten Tag gehabt und lässt dich noch lange nicht so hängen!«
- »Er/Sie raubt dir die letzte Kraft!«

Fatal ist es, wenn sich in dieser Situation die Mutter (also die frühere Rundumversorgerin) des Pfleglings auch noch selbst einschaltet. Das kann sie tun, indem sie bei regelmäßigen Hausbesuchen nach dem Rechten sieht, große Taschen mit vorbereiteten Lebensmitteln, neuer Unterwäsche und bügelfreie Hemden vorbeibringt – ob es dem Paar gefällt oder nicht. Und wenn sie – noch schlimmer – die Verpflegungsleistung des neuen Partners oder der Partnerin als mangelhaft kritisiert. Hier ist es wichtig, dass beide Partner sich der Situation bewusst werden und sich als Paar abgrenzen. Das Gleiche gilt für Einmischungsversuche ehemaliger Geliebter. Am besten hängt das Paar ein Schild an die gemeinsame Haustür, auf dem ein Versorger-Schweinehund zu sehen und darunter zu lesen ist: »Wir müssen draußen bleiben!«

4. Happy End: Heiraten (oder nicht)

Manche Paare wollen schon nach einigen Monaten, andere erst nach Jahren einsilbig werden – und gemeinsam Ja sagen. Das passiert in Deutschland übrigens nicht nur immer seltener (vgl. Seite 36), sondern auch immer später. 1970 kamen Frauen im Schnitt mit 23 Jahren unter die Haube, 1991 heirateten sie durchschnittlich mit 26,1 Jahren, zwölf Jahre später waren sie bereits 29 Jahre alt, als sie in den Hafen der Ehe einfuhren. Männer zögern noch länger: 1970 waren sie beim Ja-Sagen 25,6 Jahre alt, 1991 heirateten sie mit 28,5 Jahren, 2003 erst mit 32 Jahren.

Übernehmen die ängstlichen Schweinehunde das Regiment? Finden sich immer mehr, die »Warte noch! Vielleicht ist es doch noch nicht die/der Richtige?« oder »Mit deinem unsicheren Job kannst du doch nicht heiraten!« kläffen? Letzteres scheint tatsächlich der Fall zu sein. Das Bundesministerium für Familie, Senioren, Frauen und Jugend zumindest interpretiert: »Ob der verstärkte Aufschub bei Männern mit einer schwieriger gewordenen Etablierung im Berufsleben zusammenhängt, kann auf der Basis dieser Daten nicht beantwortet werden, erscheint jedoch durchaus plausibel.«

Vielleicht liegt es auch daran, dass heute keiner mehr heiraten *muss*. Selbst konservative Menschen haben sich inzwischen meist daran gewöhnt, dass allüberall Paare ohne Trauschein zusammenleben, dass sich Reststücke geteilter Familien neu zusammenfinden oder dass ein Paar zwar vor dem Standesbeamten Ja sagen möchte, aber nicht vor dem Pfarrer.

Und das macht es dem Schweinehund nicht leichter. Denn irgendwann steht die Heiratsfrage im Raum, auch wenn keiner darüber spricht. Immerhin gibt es diese Institution schon seit Jahrhunderten, das weiß jeder Schweinehund. Also muss irgendwann Klarheit geschaffen werden. Ganz einfach ist es, wenn beide Schweinehunde sich dazu entschließen können. Bleiben einer oder beide über Jahre bei einem »Vielleicht«, dann kann das wie eine faule Stelle an einem Apfel wirken. »Warum kann er/sie denn nicht rückhaltlos Ja sagen? Hapert es mit der Treue? Ist nicht genug Vertrauen da? Bin ich nicht gut genug? Werde ich ausgetauscht, wenn ein besseres Exemplar vorbeikommt?« Solche Fragen können eine Beziehung geradezu aushöhlen.

Sagen beide Schweinehunde Nein, ist das auch unproblematisch. Vielleicht lehnen beide die Institution der Ehe ab, weil der Staat (oder die Kirche) ihrer Ansicht nach in ihrem Privatleben nichts zu suchen hat. Vielleicht haben sie auch einfach keine Lust, den konservativen Erwartungen der Familie zu entsprechen. Wie auch immer – damit ist die Heiratsfrage geklärt.

Dann aber sollte das Paar ein paar Vorkehrungen treffen, damit sich im Fall einer späteren Trennung die Schweinehunde nicht heillos ineinander verbeißen: Geklärt werden müssen zum Beispiel das Sorgerecht für eventuell vorhandene Kinder, Unterhalt, Rente, Erbschaft, Bleiberecht in der Wohnung/im Haus und welche Rechte und Pflichten jeder im Fall einer Krankheit, eines Unfalls oder Todesfalls hat.

5. Ihr Kinderlein kommet

Haben Sie Kinder? Dann beobachten Sie schwangere Frauen, die offenbar gerade ihr erstes Kind erwarten, vielleicht auch mit dieser Mischung aus emphatischer Freude und dem Mitleid dessen, der die ganze Chose schon einmal am eigenen Leib erlebt hat (»Du wirst dich noch wundern …«).

Wenn Sie zwei oder mehr Kinder haben, beobachten Sie junge Paare, die gemütlich mit ihrem ersten Kind im Kinderwagen in einem Café sitzen, vielleicht mit genau der gleichen Gefühlsmischung (»Ihr werdet Euch noch umschauen …«).

Auch wenn der Sturz von Wolke Sieben jäh sein kann – die Ankunft des ersten Kindes ist dagegen wie ein plötzlicher Durchbruch in die nächste Dimension. Wie drastisch sich alles verändert, wird schon in der Schwangerschaft klar. Plötzlich ergreift ein kleines Wesen Besitz von der Partnerin und nimmt sie völlig in Beschlag. Dann ist Folgendes möglich: Die werdende Mutter verschwindet einerseits im Stillnebel, andererseits in einem durch permanente Schlaflosigkeit ausgelösten Delirium. Ihre Schweinehündin hält den Partner währenddessen auf Abstand. Der Partner verschwindet in neuen Projekten und macht Überstunden, weil er zu Hause ohnehin nur stört. Sein Schweinehund hilft ihm, sich selbst in Sicherheit und überdies mehr Beute für die vergrößerte Familie nach Hause zu bringen. Seine Eifersucht auf diesen dahergelaufenen Hosenmatz kann und will er kaum verbergen.

So können sich schon in den ersten Lebenstagen des neuen Erdenbürgers vorab detailliert diskutierte, hoch ambitionierte und emanzipierte Pläne (»Wir teilen uns die Kinderbetreuung und machen beide Karriere!«) rückstandslos in Luft auflösen. Das muss nicht zwangsläufig so sein, passiert aber ganz leicht und sehr häufig.

Wenn das Kind (oder die Kinder) genau in der Phase kommen, in der beide Partner auch ihre Karriere starten, werden sie bis an die Grenze ihrer Leistungsfähigkeit gefordert – oder anders gesagt: Sie müssen eine ganze Zeit lang mit einer permanenten Überforderung leben.

Soziologen nennen den biografischen Abschnitt zwischen dem Ende der Ausbildung und der Lebensmitte die »Rushhour des Lebens«. In dieser Zeit drängt sich vieles zusammen: Familiengründung, Kinderbetreuung und Berufseinstieg, bei vielen kommt dann auch noch der Kauf einer Wohnung oder ein selbst organisierter Hausbau dazu sowie die Sorge um älter werdende Eltern.

Immer klemmt es irgendwo anders: Das Kind ist krank, die Babysitterin fällt aus, niemand hat eingekauft, die Wäsche ist nicht fertig, keiner hat Zeit zum Aufräumen, das Geld ist knapp, die

Handwerker nerven, im Job müssen Projekte abgeschlossen, Dienstreisen absolviert und Krisen gemeistert werden. Es ist anstrengend, es ist ungemütlich, eigentlich Unvereinbares soll vereinbart werden.

Genau so haben sich die Schweinehunde das Familienleben gerade *nicht* vorgestellt. Kein Wunder also, dass sie bissig werden und die Schuld an der Lage ihrem Gegenüber in die Schuhe schieben. So erlebten denn auch 67 Prozent der Paare in John Gottmans Studie mit jungverheirateten Eheleuten einen jähen Einbruch der ehelichen Zufriedenheit, als sie zum ersten Mal Eltern wurden.

Dabei handelte es sich genau um diejenigen, bei denen es dem Ehemann nicht gelang (wir würden sagen: wo sein Schweinehund ihn davon abhielt), sich vom Partner in einen Vater zu verwandeln. Während die Mutter von einer bedingungslosen, selbstlosen Liebe zu ihrem Baby ergriffen wird, verspürt der Partner hauptsächlich den Verlust der geliebten Zweisamkeit. »Er liebt sein Kind, aber er möchte seine Frau zurückhaben«, schreibt Gottman. Das kann er so leider nicht – aber er hat die Wahl, ihr in die neue Dimension zu folgen. Wie das geht, zeigt die folgende Übersicht.

Vater werden mit dem inneren Schweinehund	
Das ärgert den Schweinehund	**Das mag der Schweinehund**
Die Partnerin kümmert sich ausschließlich um das Baby/die Kinder.	Sein Mensch ist auch mal dran. Mithilfe von Babysittern und Co. wird Zeit für gemeinsame Gespräche und Erlebnisse geschaffen.
Die Partnerin glaubt, nur sie selbst wisse ganz genau, was das Baby braucht/die Kinder brauchen.	Der Partner darf mithelfen. Seine Vorgehensweisen sind vielleicht unkonventionell – aber sind sie deshalb gleich falsch oder gar schädlich?

Vater werden mit dem inneren Schweinehund	
Das ärgert den Schweinehund	**Das mag der Schweinehund**
Die Partnerin vermittelt den Eindruck, Babys/Kinder bräuchten ausschließlich Fürsorge und Zärtlichkeit und müssten mit Samthandschuhen angefasst werden.	Der Partner darf toben, knuddeln, Quatsch machen, die Kleinen in die Luft werfen (und wieder auffangen) und die Eisenbahn aufbauen (und selbst damit spielen). Babys/Kinder sind gar nicht so zerbrechlich, wie sie in den Augen ihrer Mütter aussehen.
Die Partnerin jammert hauptsächlich darüber, wie sehr sie doch gefordert ist.	Die Partnerin zeigt ihrem Partner, dass sie sieht, was die neue Situation für ihn bedeutet und wie er sich einbringt.

Aber auch für Frauen birgt das Muttersein Schwierigkeiten. Wie Sie, liebe Leserinnen, Ihre kleinen Begleiterinnen beruhigen können, zeigt diese Übersicht:

Mutter werden mit dem inneren Schweinehund	
Das ärgert die Schweinehündin	**Das mag die Schweinehündin**
Der Partner verkriecht sich in seinem Job oder bei seinen Freunden.	Der Partner richtet sich darauf ein, mehr Zeit zu Hause zu verbringen. Diese investiert er nicht vor dem Fernseher, sondern erledigt Einkauf, Wäsche etc.
Der Partner zeigt Aggressionen gegenüber dem Baby/den Kindern.	Der Partner spricht über seine ambivalenten Gefühle gegenüber dem Nachwuchs. Vielleicht stellt er fest, dass seine Partnerin ebenfalls von ambivalenten Gefühlen heimgesucht wird.

Mutter werden mit dem inneren Schweinehund	
Das ärgert die Schweinehündin	Das mag die Schweinehündin
Dem Partner fehlt jegliches Einfühlungsvermögen in die neue Situation und in die Bedürfnisse des Babys/der Kinder. Er bemerkt das nicht einmal, oder er hält es für normal.	Wenn der Partner nicht von selbst darauf kommt, was zu tun ist, fragt er nach.
Der Partner stellt sich nicht auf die Situation »Familie« ein, sondern denkt und lebt weiterhin in der Vorstellung »Wir zwei!«.	Der Partner denkt im Alltag immer daran, dass auch die Bedürfnisse des Nachwuchses berücksichtigt werden müssen. Er empfindet dies nicht als Zusatzbelastung, sondern tut es gern.
Der Partner hat die Vorstellung, dass er grundsätzlich für Tätigkeiten wie Wickeln, Füttern oder Kinderwagenschieben nicht zuständig ist.	Der Partner hilft ungefragt, oder er bietet seine Hilfe an.

Manche Dinge stören Väter genauso wie Mütter:

Eltern werden mit dem inneren Schweinehund	
Das ärgert beide Schweinehunde	Das mögen beide Schweinehunde
Das Paar spricht sich ausschließlich mit »Mutti« und »Vati« an und nimmt sich auch nur noch in diesen Rollen wahr.	Das Paar agiert in einer Doppelrolle: einerseits als Paar, andererseits als Eltern.
Nur einer der beiden Partner vollzieht den Schritt in die Elternrolle.	Das Paar hält in der Elternrolle fest zusammen.

Nun sind Sie an der Reihe: Wenn Sie Ihre Partnerschaft in Bezug auf die Kinder betrachten, was bringt Ihren Schweinehund so richtig auf die Palme, und was mag er?

Das ärgert meinen Schweinehund	Das mag mein Schweinehund

6. Eltern allein zu Haus

In der Rushhour des Lebens rotiert das Paar Tag und Nacht zwischen Kinderbett, Schreibtisch, Baustelle, Supermarkt. Die Sehnsucht nach nur einem Abend Ruhe, nach ein paar Stunden ungestörten Nachtschlafs ist riesig. Doch dann, schwuppdiwupp, sind die Kinder groß und das Haus leer. Wenn die Kinder flügge werden, tun sich die Schweinehunde mit folgenden Punkten schwer:

- Die Beziehung zum Partner aufrecht erhalten, obwohl viele der Aufgaben erledigt sind, die das Paar zusammengeschweißt haben (Kinderbetreuung, Erziehung, Hausbau).
- Die Beziehung aufrecht erhalten, obwohl der Partner nicht mehr so attraktiv aussieht.
- Die Beziehung zu den älteren/erwachsenen Kindern neu definieren.
- Die Eigenständigkeit der Kinder zulassen und fördern.

Manchem Schweinehund jagt diese neue Situation einen solchen Schrecken ein, dass sie ihrem Menschen die Augen zuhalten.

Johannes und Christiane haben ihren Hausbau oft verschoben. Endlich sieht die finanzielle Situation gut aus – das Projekt wird gestartet. Ihre 18-jährige Tochter bekommt zwei Zimmer und ein eigenes Bad im Obergeschoss, der 19-jährige Sohn die gleiche Ausstattung im Untergeschoss. Die Eltern investieren großzügig in die neuen Bäder und in die Möblierung der »Kinderzimmer«. Doch es entsteht kein heimeliges Familienleben im neuen Haus, das vergleichbar wäre mit der Phase, in der beide Kinder klein waren. Nach einem Jahr zieht der Sohn in die nächste Universitätsstadt um, weitere sechs Monate später verlässt auch die Tochter das Elternhaus, um eine Ausbildung zu beginnen. Die Eltern sind wie vor den Kopf gestoßen. Warum tun die Kinder ihnen das ausgerechnet jetzt an, wo sie ihnen eine so schöne Wohnumgebung bieten können?

Es kann aber auch anders sein: Wenn die Kinder flügge werden, feiern manche Eltern-Schweinehunde fröhliche Urständ. Endlich keine Grundsatzdiskussionen mehr über Geld und das von Vater geliehene Auto, endlich Ruhe in der Hütte!

Aber oft rückt das Paar jetzt gerade nicht zusammen – sondern geht getrennte Wege. Denn mancher Schweinehund ist so froh über die neue Freiheit, dass er in eine Art zweite Pubertät verfällt. Gelegentlich kommt im Überschwang dieser Gefühle auch die eigene Ehe unter die Räder: »Die Kinder brauchen dich nicht mehr«, hetzt der Schweinehund. »Das Haus steht. Die Alte meckert sowieso jeden Tag nur an dir herum. Dass du im Job nicht weitergekommen bist, liegt nur an ihr. Und überhaupt: das Haus, der große Firmenwagen, das teure Sofa – macht dich das überhaupt glücklich? Soll das etwa schon alles gewesen sein in deinem Leben?«

Mancher Mann packt jetzt die Koffer und fängt von vorn an. Mit einer jungen Geliebten oder mit einem ganz neuen Job. Oder er trifft sich zumindest mit seinen alten Freunden zum Bier, wo er gemeinsam mit ihnen über die Frauen zu Hause nörgelt.

Auch die Schweinehündin mimt jetzt die große Drama Queen: »Die besten Jahre deines Lebens hast du deinen Kindern gegeben. Und jetzt gehen sie ohne Dank aus dem Haus und lassen dich allein zurück. Du hast diese Jahre auch deinem Mann geschenkt, du hast für ihn geschuftet. Und jetzt verlässt er dich nicht nur – er missachtet dich und deine Leistung sogar. Einen vernünftigen Job hast du auch nicht, weil du die ganzen Jahre in deine Familie investiert hast und nicht in deine Karriere. Vielleicht kannst du wenigstens die Kinder noch eine Weile an dich binden.«

Viele Schweinehündinnen lassen sich in dieser Phase beruhigen, wenn sie mit Gleichgesinnten zusammenkommen. Gemeinsam bebellen sie dann vielleicht ihren Frust und beschließen, zumindest aus dem Rest ihres Lebens noch so viel Spaß oder Sinn herauszuholen wie möglich.

Die Partnerschaft muss aber in dieser Phase nicht zwangsläufig scheitern. Im Gegenteil: Vielen Paaren gelingt gerade jetzt der Schritt in die nächste Dimension. Sie gehen einen beherzten Schritt aufeinander zu (auch wenn sie nicht mehr so knackig aussehen wie vielleicht noch vor 20 Jahren), schauen den gemeinsamen Problemen und Fehlern ins Auge, verstehen sich tiefer als je zuvor, versöhnen sich, sagen Ja zur gemeinsamen Geschichte.

7. Ältere Paare

Mit zunehmendem Alter rückt das Paar – je nach Naturell der Schweinehunde – enger zusammen. Beide brauchen einander wieder mehr, weil beiden die Tücken des Alters zu schaffen machen. Beide entwickeln ein neues Verständnis ihrer Beziehung, beide entwerfen einen neuen Lebensstil, der ihren Bedürfnissen und den gegebenenfalls eingeschränkteren Fähigkeiten entspricht.

Es kann aber auch anders kommen. Mancher Schweinehund entwickelt sich mit zunehmendem Alter in einen bissigen Köter. Manchmal trifft das nur auf einen Begleiter des alternden Paares zu. Dann betrachtet die Schweinehündin ihr Gegenüber als trotteligen Hausdiener, oder der Schweinehund führt sich auf wie ein Haustyrann. Wenn beide Schweinehunde zur Altersbissigkeit neigen, piesackt sich das Paar mit großer Leidenschaft. Nach dem

Motto: Besser sich gegenseitig das Leben zur Hölle machen, als gar keine Aufgabe mehr zu haben.

8. Unhappy End: Trennung

Das Unhappy End gehört natürlich nicht zwangsläufig zu jedem Liebeslauf. Aber Liebesbeziehungen gehen leider manchmal nicht gut aus. Eigentlich sollte man den klassischen Schlusssatz »Und wenn sie nicht gestorben sind …« in modernen Märchenbüchern ändern in »Und wenn sie sich nicht scheiden ließen …« oder »Und wenn sie sich nicht getrennt haben …«.

Laut Statistischem Bundesamt kam von 1950 bis 1960 eine Scheidung auf acht Eheschließungen, von 1980 bis 1990 war das Verhältnis 3 zu 1, und seit dem Jahr 2000 kommt eine Scheidung auf rund zwei Eheschließungen. Um diese Statistik richtig zu interpretieren, muss man die schrumpfende Zahl der heiratswilligen Paare insgesamt berücksichtigen (1960 gab es rund 690 000 Eheschließungen und 70 000 Scheidungen, 2005 nur noch 390 000 Eheschließungen bei 200 000 Scheidungen). Wenn weniger Menschen heiraten, fällt die steigende Zahl der Scheidungen natürlich stärker ins Gewicht.

Die Zahl der Scheidungen ist seit den 50er Jahren also drastisch angestiegen. Erstaunlich: Seit 2003 sinkt sie wieder, wenn auch nur leicht. Es gibt in Deutschland also einen neuen Trend zum Zusammenbleiben.

Interessant ist, dass sich Paare heute aus völlig anderen Gründen trennen als die aus früheren Generationen. Gaben Frauen in den 50er Jahren als Scheidungsgründe Punkte wie Alkoholmissbrauch oder Vernachlässigung an, standen in den 80er Jahren laut Elsbeth Freudenfeld eher emotionale Defizite auf ihrer Mängelliste. Und während in den 50er Jahren nur 4 Prozent der Frauen sexuelle Probleme beklagten, stieg diese Zahl in den 70er Jahren auf 11 Prozent und in den 90er auf 64 Prozent.

Elsbeth Freudenfeld hat in ihrer Dissertation über Liebesstile verschiedene Trennungsstudien ausgewertet. Sie interpretiert die Daten so, dass die Institution der Ehe als gegenseitige Versorgungsgemeinschaft in den Hintergrund tritt, während die Beziehungsebene an Bedeutung gewinnt: »Besonders den Frauen genügt es nicht mehr, einen treuen, berufstätigen, nicht-gewalttätigen, nicht-trinkenden Partner zu haben, um mit ihrer Ehe zufrieden zu sein. Sie möchten einen Mann, der auf ihre Bedürfnisse eingeht, sich mitteilt und sich für sie interessiert.«

So viel zum Thema Statistik – aber was bedeutet das nun für unsere Schweinehunde? Jeder, der schon einmal eine Trennung durchgemacht hat, kann eine Arie davon singen. Es kann unglaublich schrecklich sein, schmerzhaft, beinahe unerträglich. Furchtbar ist die Zeit vor der Trennung, die Trennung selbst und auch die Zeit danach.

Vor der Trennung

Denken Sie manchmal darüber nach, sich von Ihrem Partner zu trennen? Ganz heimlich? Haben Sie im Geiste schon einmal seine/ihre Sachen aus der gemeinsamen Wohnung ausgeräumt und sich vorgestellt, wie Sie dann alles umgestalten würden? Wie reagiert Ihr Schweinehund auf solche Fantasien?

Es kommt wie immer ganz auf Ihre Situation an. Wenn Sie schon seit Jahren das Gefühl haben, im falschen Film mitzuspielen, wenn Sie immer wieder den Wunsch nach einer Trennung verspüren, wenn Sie seit langem nichts mehr für Ihren Partner empfinden, wenn Ihr Partner Sie emotional und finanziell ausbeutet, wenn er Sie durch seine Ignoranz oder Verachtung runterzieht, wenn er untreu, egozentrisch, vielleicht sogar gewalttätig ist, dann sagt Ihr Verstand zu Recht: »Mach endlich Schluss! Bring dich in Sicherheit. Du gehst zugrunde in dieser Beziehung.«

Aber Ihr Schweinehund ist dagegen. Er winselt:

- »Wenn du Schluss machst, stehst du ganz allein da.«
- »Wenn du den Partner in die Wüste schickst, dann wendet sich der ganze Freundeskreis von dir ab. Du bist der böse Täter, und alle werden zum armen Opfer halten.«
- »Was soll denn die Familie denken, wenn du jetzt einfach gehst. Alle haben sich so ins Zeug gelegt für eure Hochzeit, und alle haben deinen Partner ins Herz geschlossen.«
- »Allein kannst du die Kinder nicht versorgen. Du hast zu wenig Geld, und mit deiner Ausbildung und Berufserfahrung kriegst du ohnehin keinen guten Job. Und wer gibt einer Alleinerziehenden mit drei Kindern eine Wohnung?«
- »Warte noch, bis die Kinder aus dem Gröbsten raus sind. Dann verkraften sie die Trennung besser.«
- »Trenne dich erst, wenn du selbst einen guten Job gefunden hast.«
- »Suche dir erst einen neuen Partner und trenne dich dann. So bist du nicht allein und vor eventuellen Angriffen auch gut geschützt.«

In dieser Zwickmühle können Sie jahrelang feststecken. Eigentlich wollen Sie gehen, Sie trauen sich aber nicht. Sie warten noch. Es ist völlig richtig, eine Trennung nicht einfach übers Knie zu brechen. Machen Sie sich aber klar, dass dieses lange Ausharren in der Situation »Ich halte es nicht mehr aus – gehe aber auch nicht« jede Menge Energie kostet. Stärker formuliert: Es legt Sie völlig lahm. Versuchen Sie, sich aus dieser Lähmung zu befreien, indem Sie

- sich eine Verschnaufpause gönnen. Stehen Sie dazu, dass Sie jetzt im Moment noch keine Entscheidung treffen können. Setzen Sie sich (und damit Ihren Schweinehund) nicht unter Druck – das bringt Sie ohnehin nicht weiter;
- sich Hilfe von außen holen. Sprechen Sie mit dritten über Ihre Situation, mit Freunden oder Freundinnen, mit Familienmitgliedern. Oft kann das Gespräch mit einer neutralen Person

sehr hilfreich sein (pro Familia, Frauenberatungsstellen, Männer-/Vätergruppen, Therapeuten), weil hier keine eigenen Interessen im Hintergrund wirken.

Sich trennen

Wenn Sie zu dem Ergebnis kommen, dass Sie sich trennen müssen, dann tun Sie es entschlossen. Wie genau Sie dabei vorgehen, hängt von Ihrer Situation ab.

Doris Märtin empfiehlt in ihrem Liebesknigge eine Trennung mit Anstand und Format. Ihre Tipps sind unserer Einschätzung nach sehr gut geeignet, um Schweinehunde zu besänftigen – oder zumindest in dieser Situation nicht noch unnötig zu reizen. Märtin plädiert für

- eine persönliche Aussprache (also nicht einfach ein Anruf oder, noch schlimmer, eine SMS) in einem geschützten Rahmen (also nicht in einem Restaurant oder Café, sondern zu Hause oder an einem nicht so stark frequentierten Ort unter freiem Himmel);
- eine positive Rückschau auf die gemeinsame Zeit (»Es war schön mit dir.«, »Du wirst mir fehlen!«);
- klare Gründe, aber nicht formuliert als Vorwurf (»Du denkst doch von früh bis spät nur an die Kinder.«), sondern als offengebliebene Wünsche (»Ich habe mir eine Frau gewünscht, die mich im Job unterstützt, die mit mir zusammen Sport treibt und meine Leidenschaft fürs Kino teilt.«);
- keine Rechtfertigungen gegenüber Dritten (nur: »Wir passten nicht zusammen.«);
- keine Lästereien über den Partner (dies wirft ohnehin nur ein schlechtes Licht auf Sie selbst);
- und wenn Sie selbst verlassen wurden: Zeigen Sie sich möglichst gefasst, muten Sie Ihren Freunden keine Loyalitätskonflikte zu, jammern Sie nicht ewig lang herum (Trost dürfen Sie sich natürlich holen, das ist klar).

Wenn Sie verlassen wurden

»Es ist aus!« Dieser Satz trifft wie ein Schlag. Sie können es zuerst gar nicht glauben. Dann haut es Sie um, zieht Ihnen den Boden unter den Füßen weg. »Verlassen zu werden, ist eine narzisstische Kränkung«, erklärt die Hamburger Psychologin Eva Wlodarek in einem Interview mit der *Brigitte*.

Dabei wird das Selbstwertgefühl des Betroffenen empfindlich verletzt. Eben noch fühlte er sich geliebt und sicher, jetzt geht ein tiefer Riss durch diese Realität. Er oder sie stürzt in tiefe Selbstzweifel: »Was habe ich falsch gemacht?« – »Bin ich nicht einfühlsam genug?« – »Bin ich nicht attraktiv genug?« – »Bin ich nicht intelligent genug?« – »Habe ich in der Sexualität versagt?« – »Habe ich zu wenig Zeit mit meinem Partner verbracht?« Die Liste der nagenden Fragen ist endlos. Selbst der Schweinehund steht unter Schock. Im ersten Moment hat er noch keine Idee, wie er seinem Menschen helfen könnte – später entwickelt er möglicherweise Rachepläne.

Nach der Trennung

Ohne Trauer geht es leider nicht. Das ist unangenehm und mühsam, insofern ist es also kein Wunder, dass sich Schweinehunde gern vor dieser zu Recht »Trauerarbeit« genannten Mühsal drücken wollen. »Liebeskummer ist wie kalter Entzug«, erklärt auch Eva Wlodarek. »Das können Sie nicht durch ein ›Reiß dich doch mal ein bisschen zusammen‹ aus der Welt schaffen.« Ihr zufolge verläuft der Liebeskummer in drei Phasen.

Phase 1: Der Schock. Mindestens eine Woche lang herrscht Ausnahmezustand im Gefühlsleben eines Menschen, der verlassen wurde. »Das kann doch nicht wahr sein!« lautet der Satz, der pausenlos durch seinen Kopf kreist. Und: »Vielleicht ist die Beziehung doch noch zu retten?«

In dieser Phase ist die Unterstützung durch Freundinnen oder Freunde ganz wichtig. Lassen Sie sich trösten, umarmen, eine Suppe kochen, vielleicht dürfen Sie auch im Gästezimmer übernachten. Im Moment hat es jedenfalls nicht viel Sinn, rational über die Trennung zu diskutieren.

Phase 2: Die Welle der Emotionen. Jetzt rollt »die volle Wucht der Gefühle an«, erklärt Eva Wlodarek: Wut, Trauer, Aggressionen. Kämpfen Sie am besten gar nicht dagegen an – Sie können diese Wellen nicht aufhalten. Sie können aber beschließen, sich von diesem Meer der Traurigkeit nicht verschlingen zu lassen. Zum Beispiel, indem Sie sich selbst Rettungsbote auslegen. Heulen Sie den ganzen Samstag durch, aber lassen Sie sich abends von Ihrer besten Freundin zum Kino abholen. Oder legen Sie sich Sonntagmorgens Maria Callas tragischste Arien auf (Hardrock geht natürlich auch), benetzen Sie einen Kubikmeter Papiertaschentücher, und dann treffen Sie sich mit Ihrem Lieblingskollegen beim Italiener oder schrauben gemeinsam mit Ihrem besten Freund an Ihrem Auto herum.

Der Trick ist: Lassen Sie den Schweinehund toben, aber setzen Sie ihm Grenzen. Damit kommen Sie besser klar, als wenn Sie Ihrem Raubein gänzlich die Schnauze zu verbieten versuchen oder ihm das Steuer komplett in die Hand geben. Gleichzeitig heben die gemeinsamen Aktivitäten den Pegel Ihrer Glückshormone, was wiederum der Seele gut tut. Dem oder der Ex gehen Sie am besten komplett aus dem Weg. Nur so kann der »kalte Entzug« gelingen. Räumen Sie seine/ihre Sachen weg, schicken Sie Geschenke zurück.

Phase 3: Zurück ins Leben. Es kann gut ein Jahr dauern, bis der schlimmste Liebeskummer überstanden ist. Ein Jahr, in dem alle Feiertage und Geburtstage zum ersten Mal wieder allein gefeiert werden müssen. Die Länge der Trauerphase ist individuell sehr verschieden. Wenn ein Ex-Partner eher extrovertiert und selbstständig ist und eher kurz verbandelt war, ist der Liebeskummer meist schnell vorbei. Länger dauert es in der Regel, wenn die Partner sehr lange zusammengelebt haben und sich nach der Trennung stark zurückziehen.

In manchen Fällen löst eine Trennung eine so existenzielle Krise aus, dass Freunde und Familie nicht ausreichend helfen können. Entweder kommt der oder die Betroffene deutlich länger als ein Jahr nicht mehr aus dem Tief heraus oder steigert sich sogar in einen Liebeskummerwahn hinein. In einem solchen Fall ist professionelle Hilfe unbedingt notwendig. Sollte sich der Schweinehund querstellen (»So etwas brauchen *wir* doch nicht! Wir sind doch nicht verrückt!«), dann richten Sie ihm aus, dass Psychotherapeuten unverbindliche Vorgespräche anbieten, bei denen der Schweinehund ungestört »schnuppern« kann.

Ob mit oder ohne professionelle Hilfe: Gönnen Sie sich eine Zeit der Besinnung. Vielleicht gibt Ihnen eine Zeit ohne Partner sogar Selbstbewusstsein, weil Sie feststellen, wie gut Sie auch allein klarkommen. Und irgendwann merken Sie, dass Sie (und Ihr Schweinehund) sich wieder öffnen können für eine neue Beziehung.

Vorsicht, Feuchtgebiet: Sexualität

Ein Gespenst geht um in Deutschlands Schlafzimmern – das Gespenst der Lustlosigkeit. Laut einer Studie der Universität Göttingen aus dem Jahr 2005 sind alle, die mit ihrem Partner schon vier Wochen lang keinen Sex mehr hatten, in guter Gesellschaft: 17 Prozent der deutschen Paare geht es ebenso. Die Göttinger Psychologen Peter Breuer und Ragnar Beer werteten dazu die Aussagen von 13 483 Männern und Frauen aus. Auskunft gaben dabei ebenso Frischverliebte wie Ehepaare, die bereits die Goldene Hochzeit gefeiert haben. Mehr als die Hälfte der Befragten (57 Prozent) hat maximal einmal pro Woche sexuellen Kontakt mit dem Partner. »Der immer wieder gern angegebene Mittelwert liegt zwar bei 5,6 Mal innerhalb von vier Wochen. Allerdings haben 63 Prozent der Paare seltener Sex«, erläutert Beer. Lediglich 28 Prozent der Partner leben mindestens zweimal in der Woche ihre Sexualität miteinander aus.

Die Verbreitung der Lustlosigkeit wird durch eine Statistik der Sexualambulanz der Hamburger Universitätsklinik bestätigt. Mitte der 70er Jahre wurden bei den Patientinnen zu 80 Prozent Erregungs- und Orgasmusstörungen diagnostiziert. 20 Jahre später ging dieser Anteil auf 20 Prozent zurück, im Gegenzug stiegen die Lustlosigkeitsdiagnosen von 8 auf 74 Prozent. Die Verschiebungen bei Männern waren nicht so dramatisch, wiesen aber in die gleiche Richtung: Die Zahl der Lustlosen stieg von 4 auf 17 Prozent.

Ulrich Clement, Professor für Psychologie aus Heidelberg, hat eine erstaunliche Erklärung für die verbreitete Lustlosigkeit. Er betrachtet diese »als Symptom, das in aktiver Zusammenarbeit der Partner erzeugt wird. Allerdings ungewollt und in den besten Absichten«. Jeder Mann und jede Frau hat Clement zufolge ein eigenes sexuelles Profil – im Sinne von Erfahrungen, Vorlieben und Abneigungen. Weil die Unterschiede zwischen beiden Partnern Angst auslösen können, neigen viele Paare dazu, ihre sexuellen Wünsche auf den kleinsten gemeinsamen erotischen Nenner zurechtzustutzen. Das Ergebnis ist Sex, der für beide nicht richtig schlecht, aber auch nicht richtig gut ist.

Die Sexualforscherin Ulrike Brandenburg erklärt die Lustlosigkeit historisch. Ihr zufolge können selbstbewusste junge Frauen heute sehr gut sagen, was sie *nicht* wollen. »Die Vorgängergeneration erkämpfte sich das ›Nein‹ zum Sex«, erklärte Brandenburg in einem Interview mit der *Süddeutschen Zeitung*. »Danach kam eine Zeit, in der die Beratungsstellen voll waren von lustlosen Paaren. Es stellte sich die Frage, wie kommen wir aus dem Dilemma wieder heraus?« Autorinnen wie Charlotte Roche und Mia Ming, außerdem Sängerinnen wie Lady Bitch Ray machen nun Sex zu ihrem Thema – und nehmen dabei eine Offensivposition ein, die sexualhistorisch dem Mann vorbehalten war. Damit lassen sie freilich das Pendel von einer Extremposition in die andere schwingen.

Die Schweinehunde sind verunsichert

Wo ist Ihr Schweinehund? Hat er sich vor Angst versteckt? Es geht nicht nur ihm so. Viele Schweinehunde sind verunsichert. Sie wollen alles auf einmal sein: immer noch der Chauvi von früher und zugleich der Frauenversteher von heute. Den Schweinehündinnen geht es nicht viel besser: Einerseits sind viele frustriert, weil ihre Frauchen vielleicht unangenehme oder frustrierende sexuelle Erlebnisse hatten. Andererseits fühlen sie sich – genau wie ihr männlicher Gegenpart – zu der Hochleistungs-Performance verpflichtet, die in den Medien täglich Thema ist. Nicht nur in einschlägigen Magazinen, nein, jede simple Seifenoper variiert das Thema in endloser Wiederholung, und jeder elektronische Postkasten quillt über vor luststeigernden pharmazeutischen und pornografischen Produktangeboten. Im Vordergrund steht immer die Performance: wie toll, wie aufregend, wie lange, wie oft.

Das setzt die Schweinehunde enorm unter Druck und treibt sie allzu oft in eine tragische Spirale: Sie reden dem Mann ein, dass er sich abrackern muss, um erfüllenden Sex zu erleben (»Schneller! Länger! …!«). Sie füttern seine Phantasie mit erregenden Bildern. Sie malen die wunderbarsten Wunschträume aus – die dann schroff mit der Wirklichkeit zusammenprallen. Einerseits, weil er sich (wider Erwarten seines Schweinehundes) im entscheidenden Augenblick doch nicht in einen Superhelden verwandelt, und zweitens, weil der positive Erwartungsdruck seinen Menschen ziemlich verkrampft.

Die Schweinehündin hat tendenziell mit anderen Herausforderungen zu kämpfen. Je nachdem, wie viele frustrierende Erfahrungen ihr Frauchen schon erlebt hat, schiebt sie einen mehr oder weniger großen Schatten der negativen Erwartung über die gesamte Sexualität. Nicht, um vorsätzlich den Spaß an der Sache zu verderben, sondern um ihr Frauchen zu schützen. »Jetzt will er schon wieder!«, raunt sie. »Am besten gehst du ganz früh ins Bett und stellst dich schlafend, damit er dich in Ruhe lässt.« Je nach Naturell plädiert sie auch für Kopfschmerzen oder ganz einfach für das Argument »Keine Lust!«

Mit Sicherheit gibt es Paare, bei denen es genau umgekehrt ist. Oder ganz anders. (Und wenn Sex in einer anderen Konstellation als zwischen einem Mann und einer Frau stattfindet, tauchen noch einmal ganz andere Fragestellungen auf.) Wir sind uns bewusst, dass wir uns hier in einem unübersichtlichen Terrain bewegen, das mit vielen Klischees und Tabus verstellt ist. Trotzdem wagen wir uns weiter voran.

Die erste Nacht

Manche Schweinehunde können es gar nicht abwarten, ins fremde Körbchen zu springen. Wenn ihre Schweinehündin und sein Schweinehund den Abend mit dem gleichen Tempo in Richtung »Zu dir oder zu mir?« vorantreiben, ist das völlig unproblematisch.

Schwieriger wird es, wenn eines der beiden Raubeine (oder beide) Angst vor Intimität haben. Sie fürchtet sich vielleicht vor der Reaktion des Gegenübers, wenn Frauchen ihre wahren Proportionen aus der vorteilhaften Kleidung befreit. Er ist verunsichert, wie sie auf seinen Rettungsring (die Franzosen haben eine viel schönere Bezeichnung für die seitlichen Bauchansätze gefunden: *poignets d'amour* – übersetzt etwa »Liebesgriffe«) und auf sein ganz und gar nicht gefaktes Brusttoupet reagiert. Beide haben Angst davor, zu früh, zu spät, irgendwie peinlich oder überhaupt nicht zum Höhepunkt zu kommen.

Unser Tipp: Lassen Sie es langsam angehen. Tasten Sie sich Schritt für Schritt voran. Wenn Sie sich mit etwas unsicher sind, fragen Sie vorsichtig nach. Haben Sie das Gefühl, es mit einem besonders sensiblen Schweinehündchen zu tun zu haben, gehen Sie besonders kleine Schritte. Wenn mehr aus Ihnen beiden wird, können Sie sich ja später immer noch Stellungsakrobatik antrainieren, Ihre wildesten Fantasien verraten, Ihre geheimsten Spielsachen aus der Schublade kramen, sich verkleiden, animalisch brüllen, einschlägige Werke aus der Film- und Zeitschriftenbranche präsentieren, Fahrstühle, Abstellkammern und Waldlichtungen ausprobieren – oder den umgekehrten Weg gehen: Die Geheimnisse einer sehr ruhigen, fließenden, fühlenden Sexualität ergründen (dazu später mehr). Tun Sie, was immer Ihnen beiden gut tut.

Zeit der Verliebtheit

In der ersten Zeit der Verliebtheit dreht sich alles um die Lust. Die Lust geht der sexuellen Vereinigung voraus, immer wieder lässt sich das Paar von der Lust an spontanem Sex überfallen. Die Vernunft darf kaum mitreden, wenn dafür Termine platzen oder Verspätungen in Kauf genommen werden. Jetzt werden alle möglichen Spielarten der Sexualität ausprobiert und erste Muster fahren sich ein. Je länger die Partnerschaft dauert, desto mehr festigen sich diese Muster. Einerseits bieten sie Sicherheit, andererseits sind sie der Boden, auf dem die Langeweile wuchert – und die Schweinehunde schnarchen.

Ulrich Clement, Psychologie-Professor aus Heidelberg, empfiehlt den Aufbau einer lebendigen, erotischen Kultur, um der Lustlosigkeit Einhalt zu gebieten. Doch das ist gar nicht so einfach. Vor allem, wenn das Paar nicht allein bleibt.

Wenn Kinder da sind

Eine Geburt ist für viele Frauen ein einschneidendes Erlebnis. Es braucht Zeit, bis körperliche und seelische Wunden verheilt sind. Kommt die Lust endlich zurück, liegt bei vielen Paaren ein Baby im

Weg – das heißt mitten im Ehebett. Manchmal nicht nur in den ersten sechs Lebenswochen: Es ist nicht bekannt, wie viele ältere Kinder jede Nacht das Bett der Eltern entern, mit Kuscheltier und Kopfkissen im Gepäck – falls sie nicht schon abends dort eingeschlafen sind. In vielen Familien gehen nicht die Kinder, sondern auch die Eltern des Nachts auf Wanderung: Mütter schleppen sich auf die Ersatzmatratze im Kinderzimmer, um Monster und Gespenster zu vertreiben. Väter erwachen morgens im Stockbett, weil ein, zwei oder drei Kinder sie nächtens aus der ehelichen Bettstatt vertrieben haben. Das sind schwierige Rahmenbedingungen für eine erfüllende Sexualität.

Es ist gar nicht so leicht, Eltern und gleichzeitig Liebespaar zu sein. Raubt Ihnen die nächtliche Umzieherei den letzten Nerv, holen Sie sich Rat bei einem Profi und finden Sie Ihren persönlichen Weg zwischen knallharter Durchschlaferziehung auf der einen Seite und Laisser-faire auf der anderen. Vielleicht buchen Sie auch einfach regelmäßig einen Babysitter oder quartieren Ihre Rasselbande aus.

Wenn Sie seit 20 Jahren zirka 30 sind

Es geht vielen so: Knackig, frisch und faltenfrei strahlen sie auf dem Foto, das auf der Kommode steht. Wenn sie Ihren Partner/Ihre Partnerin anschauen, erschrecken Sie manchmal über das Muster aus dunklen Schatten und Falten, das sich rund um die Augen gebildet hat. Ihren Spiegel haben Sie lieber abgehängt.

Klar: Jeder wird älter. Doch für die Schweinehunde ist das ganz schwer auszuhalten. Wenn Sie die Wahl zwischen *frisch* und *reif* haben, entscheiden Sie sich in den meisten Fällen für *frisch*. In Begleitung eines frischen Exemplars fühlen Sie sich selbst verjüngt. Und wenn es um die »Performance« unter der Bettdecke geht, meint der Schweinehund, es dürfe keinen Unterschied geben zwischen 17 und 57.

Unsere Schweinehunde begleiten uns bis ins Bett

Klar: Die manische Lust der ersten Verliebtheit ist vorbei. Aber das heißt nicht zwangsläufig, dass die Sexualität vor die Schweinehunde gehen muss. Im Gegenteil: Manches Paar entwickelt mit den Jahren einen immer sensibleren Sinn für Sexualität und dringt dabei in Dimensionen vor, die sie sich mit 17 überhaupt nicht haben vorstellen können.

Was Schweinehunde nicht zu fragen wagen

Der Schweinehund kämpft dafür, die mehr oder weniger triebhaften Bedürfnisse seines Menschen zu erfüllen – oder ihn vor Angst zu schützen. Beides ist zwar verständlich, aber für eine erfüllte Sexualität nicht besonders hilfreich, wenn dies die einzigen Impulse bleiben. Was können Sie also tun, um Ihre Schweinehunde zu beruhigen und gleichzeitig zu motivieren, mit Ihnen zusammen auf die Suche nach einem erfüllteren Liebesleben zu gehen?

Geben Sie Ihnen Futter: Gemeint sind an dieser Stelle nicht noch mehr appetitanregende Bilder, sondern grundlegende Informationen. Laut John Gottman ist es ein großes Problem, dass viele Menschen über ein »mangelndes Grundwissen« zum Thema Sexualität verfügen: »Das führt dazu, dass die Menschen sich in den Erwartungen, die sie an sich selbst stellen, auf ungenaue und unzuverlässige Quellen stützen, meist auf das, was sie in ihrer Jugend von Freunden gehört haben. Das hat zur Folge, dass wir sehr streng mit uns sind und das Gefühl haben, im Bett nicht gut zu sein.« Schauen Sie sich also in Ihrer Buchhandlung um – die Regale zum Thema sind heute recht üppig ausgestattet. Ein wenig Vorsicht ist geboten bei Diskussionsforen im Internet. Hier können Sie sich vor allem davon überzeugen, dass sich unglaublich viele Menschen mit sexuellen Problemen herumschlagen. Vielleicht beruhigt allein das schon Ihren Schweinehund. Um aber selbst weiter zu kommen, brauchen Sie weniger schreibende Laien, die selbst Probleme haben als vielmehr Profis, die Lösungen anbieten.

Iris und Johannes von Stosch gehen in ihren Partnerseminaren auch auf das Thema Sexualität ein. Ihrer Erfahrung nach sind viele Paare unzufrieden mit ihrem Liebesleben, weil Sie meinen, Sie müssten eine ähnliche Hochleistungs-Performance produzieren wie Filmschauspieler. Ziel dieser Performance muss gemäß dieser Vorstellung immer ein Orgasmus sein – am besten von beiden Partnern gleichzeitig. Es herrscht Leistungsdruck unter der Bettdecke. Es gibt kaum ein Gebiet, wo es mehr Stress gibt! Kein Wunder, dass der Schweinehund alles andere als entspannt reagiert und das Sexualleben seines Menschen torpediert, wo er nur kann.

Viele Männer haben Angst davor, beim Sex etwas nicht richtig oder nicht gut genug zu machen. Viele Frauen haben Angst, sich zu öffnen oder befürchten, sich gar nicht öffnen zu können. Wenn die Teilnehmer dieser Seminare erfahren, dass Sexualität auch ganz anders gelebt werden kann, atmen etliche mitsamt ihren verschreckten Schweinehunden auf. Sex muss gar nichts mit Leistung und mit Erfolg zu tun haben. Es ist möglich, jede Zielorientierung (Klartext: Orgasmus) aufzugeben, alle Erwartungen loszulassen, sich ganz auf den Moment mit dem Partner zu konzentrieren, mit allen Sinnen zu spüren, zu genießen, sich einfach treiben zu lassen. Konkret heißt das: Versuchen Sie mal das Gegenteil von Hollywood-Sex. Die meisten Paare sind verblüfft, wie viel innige Lust ganz von allein entstehen kann – ganz ohne Nachhilfe durch die Phantasie und jede Art von Hochleistungsakrobatik. Viele Paare sind überrascht, wie viel Innigkeit auch nach dem Zusammensein bleibt und wie lange sie anhält.

Die Körper lieben es, sich zu lieben – und sie wissen wie das geht. Auf die momentane Lust kommt es dabei gar nicht an – im Gegenteil. Lust- und Unlustgefühle sind oft genug schweinehundgesteuert!

Es wird den Schweinehunden nicht leicht fallen, sich herauszuhalten. Wenn Sie ihnen gut zureden und immer wieder üben, können Sie es aber schaffen: Keine Flucht in Phantasien mehr, keine komplizierten Gedanken, keine schweißtreibende Performance –

stattdessen Präsenz, Austausch, die Sexualität geschehen lassen. Das nimmt den Schweinehunden den Druck, einen filmreifen Höhepunkt hinlegen zu müssen, und den Schweinehündinnen die Scheu, sich zu öffnen.

»Habe ich das richtig verstanden? Ich soll nicht mehr der Erregung und Triebbefriedigung hinterher hecheln? Warum sollte ich das überhaupt wollen? Und wie könnte ich das überhaupt hinkriegen?« Ihr Schweinehund hat völlig Recht. Stellen Sie sich keine Herkulesaufgabe, sondern tasten Sie sich millimeterweise vor zu einer erfüllteren Sexualität. Dieser Ansatz ist einer von vielen möglichen. Schauen Sie sich um, bis Sie das finden, das Ihnen zusagt.

Eine professionelle Beratung kann tatsächlich sehr hilfreich sein – auch wenn Ihr Schweinehund sich dagegen sträubt, eine solche in Anspruch zu nehmen. Unterstützung finden Sie bei spezialisierten Paartherapeuten oder bei der Deutschen Gesellschaft für Familienplanung, Sexualpädagogik und Sexualberatung Pro Familia. Oder besuchen Sie gemeinsam ein Seminar. Das braucht ein bisschen Mut, kann Ihrer Beziehung aber einen ganz neuen (vielleicht sogar den rettenden) Impuls geben.

Wichtig ist vor allem, dass Sie das Thema zu Ihrem gemeinsamen Thema machen und dabei Schweinehund-freundlich vorgehen. Das heißt: Sie drohen nicht (»Wenn das nicht bis Jahresende besser wird, dann …«), setzen sich nicht unter Leistungsdruck (»Mehr als ein Mal muss doch möglich sein …«) und beschimpfen sich auch nicht (»I can get no satisfaction!«). Gehen Sie ganz langsam gemeinsam auf eine Entdeckungsreise. Lassen Sie sich von Ihren Schweinehunden nicht davon abbringen. Nehmen Sie die beiden mit.

Die besten Antworten auf typische Schweinehund-Probleme

Halten Sie dagegen, wenn Ihre Begleiter Ihnen mit Ihrem Gejaule die Lust an der Liebe verderben. Im Folgenden haben wir die besten Antworten auf typische Schweinehund-Phrasen gesammelt.

Das bellt Ihr Schweinehund	Das können Sie ihm sagen
»Als ihr euch kennen gelernt habt, hattet ihr häufig heißen Sex. Jetzt passiert nicht mehr viel zwischen euch. Da stimmt doch etwas nicht!«	»Es ist völlig normal, dass Sexualität in der Zeit der ersten Verliebtheit wilder ausgelebt wird als in einer späteren Phase. So ist es eben auf dem Boden der Tatsachen. Wer den ständigen Nervenkitzel braucht, muss sich alle zwei Jahre eine neue Beziehung suchen. Und noch etwas: Erst jetzt, wo wir so vertraut miteinander sind, haben wir die Chance, gemeinsam neue Dimensionen der Sexualität zu entdecken. Wie wäre es mit ›intensiv‹ statt ›heiß‹?«
»Deine Falten sind aber nicht sehr attraktiv!«	»Junge Leute mögen zwar hübsch faltenfrei aussehen, haben aber meistens noch keinen Sinn für Erotik – und viel zu wenig Erfahrung.«
»Sie/Er will viel häufiger als du. Das nervt! Es ist zum Davonlaufen!«	»Es kommt eher selten vor, dass die sexuellen Bedürfnisse beider Partner völlig synchron verlaufen. Ich bitte die Partnerin/den Partner, in der nächsten Zeit ein paar Mal abzuwarten, bis ich die Initiative ergreife. So können wir herausfinden, wie weit die Amplituden unserer Lustwellen voneinander abweichen. Vielleicht sind es ja nur ein paar Tage. Oder: Wir probieren ganz neue Spielarten der Sexualität. Gut möglich, dass sich dadurch auch unsere Bedürfnisse verändern.«
»Eure Beziehung ist nicht gerade innig. Kein Wunder, dass ihr keinen guten Sex habt.«	»Denkfehler! Gerade in Beziehungen, in denen die Partner sehr eng verschmolzen sind, kann die Anziehungskraft unter der Bettdecke geringer sein.«

Das bellt Ihr Schweinehund	Das können Sie ihm sagen
»Ihr habt höchstens einmal im Monat Sex. Das ist viel zu wenig. Bestimmt trennt Ihr Euch bald.«	»Es gibt Paare, die haben zweimal im Halbjahr Sex und sind trotzdem glücklich. Es kommt nicht auf die Quantität an, sondern darauf, ob es für die beiden Partner genau so in Ordnung ist.«
»Dein Job ist langweilig, deine Schwiegermutter nervt, deine Kinder sind anstrengend, du könntest doch wenigstens guten Sex haben.«	»Leider nicht: Je besser die Gesamtlage im Leben, desto besser der Sex. Hier gilt: Wer hat – dem wird gegeben.«
»Du bist einfach mies im Bett.«	»Lieber Schweinehund – könntest du bitte in Erwägung ziehen, dass ich völlig durchschnittlichen und gelegentlich auch guten Sex habe? Ich bin kein Pornostar, und das ist auch gut so.«
»Dein Job ist stressig. Beim Sex kannst du doch endlich entspannen.«	»Geht leider nicht. Man kann erst beim Partner/bei der Partnerin ankommen, wenn man schon entspannt ist. Bei einem vollgestopften Terminkalender kann es ein echtes Problem sein, zwischen Job, Kindern und Haushalt auch noch Sex einzubauen.«
»Guter Sex ist immer spontan.«	»Stimmt nicht. Je vollgestopfter der Terminkalender, desto wichtiger ist geplante Zeit für die Liebe. Je länger die Beziehung andauert, desto eher gilt: Der Appetit kommt beim Essen. Wer dann immer noch glaubt, nur spontaner Sex sei guter Sex, hat zwar die besten Absichten, aber wahrscheinlich überhaupt keinen Sex mehr.«

Das bellt Ihr Schweinehund	Das können Sie ihm sagen
»Wenn Ihr stundenlang redet, habt Ihr doch gar keine Zeit für Sex. Kommt doch endlich mal zur Sache.«	»Kommt drauf an: Für den einen ist kein entspannter und befriedigender Sex möglich, wenn Konflikte schwelen. Für den anderen sind Konflikte leichter zu lösen, nachdem er oder sie Sex hatte.«
»Ihr kommt nicht zuverlässig zum Höhepunkt.«	»Stimmt. Das ist völlig normal.«
»Ihr seid nicht besonders fantasievoll im Bett.«	»Na und? Wir essen ja auch dauernd Pasta mit Pesto – und das schmeckt uns auch immer wieder.«
»Du musst beim Sex vor allem Rücksicht auf deine Partnerin/deinen Partner nehmen.«	»Das kann eine Falle sein. Ergreift vor lauter Rücksichtnahme niemand mehr die Initiative, neue Spielarten auszuprobieren, entsteht eine ewig gleiche Routine in der Sexualität.«
»Warum gibst du dem Thema solche Bedeutung? Erotik entwickelt sich doch von ganz allein.«	»Leider nicht. Eine prickelnde Erotik entfacht nur, wer sich dazu entscheidet, sich und seine Wünsche zu zeigen, und dabei auch Risiken eingeht. Erotik braucht aktive Einladungen.«

Teil III

Gemeinsame Strategien für den Umgang mit beiden Schweinehunden

Haben Sie dieses Kapitel aufgeschlagen, bevor Sie die anderen gelesen haben? Viele Grüße an Ihren Schweinehund! Er möchte sich offenbar nicht mit Hintergründen befassen, sondern sich gleich in medias res stürzen: Können wir das schaffen? Und wenn ja: Wie?

Neun Wege zu einem glücklichen Liebesleben

Wir sind überzeugt davon, dass Sie eine erfüllende Partnerschaft leben können, wenn Sie Ihre Schweinehunde gerade *nicht* überwinden oder überlisten, sondern mitspielen lassen. Treten Sie ihnen als Schweinehund-Zähm-Team gegenüber. Zu zweit kommen Sie ihren Sabotageakten ohnehin viel besser auf die Schliche als allein. Denn wenn Sie selbst unachtsam sind, kann Ihr Partner – im Fall eines Falles – Ihnen einen kleinen Hinweis geben oder einen großen Schweinehund-Alarm auslösen.

Versuchen Sie, beide Schweinehunde so gut wie möglich kennen zu lernen und zu akzeptieren, Ihren eigenen und den des Partners. Denn je genauer Sie Ihren sabotierenden Begleiter und den Ihres Partners kennen, desto besser können Sie ihn zähmen. Bekämpfen oder beschimpfen Sie insbesondere den Schweinehund Ihres Partners nicht, sondern nehmen Sie ihn ernst und erkennen Sie seine Bedürfnisse an. Grundsätzlich ist es hilfreich, wenn Sie sich nicht auf die nervenden Macken des Schweinehunds konzentrieren, den der andere hat, sondern auf die Ihres eigenen.

So können Sie es vermeiden, in eine Art Schweinehund-Spirale zu geraten, in der sich die Qualität Ihrer Beziehung rasant Richtung Erdmittelpunkt schraubt. (Etwa so: Sein Schweinehund verführt Ihren Partner dazu, ständig Unordnung zu verbreiten. Getrieben von Ihrem eigenen Schweinehund räumen Sie grimmig hinter ihm her. Das nervt seinen Schweinehund, sodass er noch mehr Chaos verbreitet. Sie räumen noch mehr … und wenn Sie nicht gestorben sind, dann räumen Sie noch heute oder haben sich scheiden lassen.) Kümmern Sie sich um Ihren eigenen Begleiter (»Warum fühlst du dich von Unordnung so existenziell bedroht?«) und entscheiden Sie sich damit aktiv für die Liebe.

1. Nehmen Sie Ihren Partner so, wie er ist

»Ich will so bleiben, wie ich bin!« – »Du darfst!« Erinnern Sie sich an diesen Werbeslogan für Diätprodukte? Falls ja und falls in Ihrer Partnerschaft mal wieder die Schweinehunde toben, können Sie ihnen diesen Claim vorsingen. Es ist nämlich wichtig, dass Sie beide Ihren eigenen Schweinehund haben. Ihre borstigen Begleiter haben eine wichtige Funktion in Ihrer Partnerschaft und dürfen (sollen!) tatsächlich so bleiben, wie sie sind.

Das Gleiche gilt für Ihren Partner. Er darf so bleiben, wie er ist! Das Grundproblem der meisten Paare ist, dass einer den anderen verändern will (»Sie soll endlich klar sagen, was sie will!« – »Er soll endlich Ordnung halten!« – um zwei Klischees zu bemühen). Doch der Schweinehund sorgt dafür, dass es nicht so weit kommt. Er stellt sich wie ein Bollwerk vor seinen Menschen und blockt jeden Veränderungsversuch gnadenlos ab. Je mehr der eine den anderen verändern will, desto mehr Macken lebt er aus – und desto mehr reizt er den Schweinehund seines Gegenübers. Die Schweinehund-Spirale dreht sich immer schneller.

Sie möchten das vielleicht nicht lesen, aber es ist so: Sie haben keine Chance, Ihren Partner zu verändern. Er ist ein komplexes, autonomes, menschliches Wesen – also das Gegenteil von Knetgummi, das Sie so formen können, wie es Ihnen gefällt. Das Einzige, an dem Sie arbeiten können, ist Ihre eigene Persönlichkeit. Oder anders gesagt: Sie können an Ihrem Umgang mit Ihrem Schweinehund und mit dem Ihres Partners arbeiten. Üben Sie sich also darin, großzügig über die vermeintlichen Schwächen Ihres Partners hinwegzusehen. Und lenken Sie Ihre Lust an der Veränderung auf Ihr eigenes Verhalten.

Dazu ist eine Grundsatzentscheidung notwendig, die sich etwa so anhören könnte: »Ich akzeptiere meinen Partner so, wie er ist, und ich arbeite daran, dass ich mich verändere und liebevoller werde.«

2. Machen Sie Ihre Schweinehunde zu Ihren Paarberatern

Wenn es bei Ihnen klemmt, gilt es also nicht, Ihren Partner oder die Schweinehunde zu ändern, sondern Ihren Umgang miteinander.

Grundsätzlich: Überlassen Sie den Raubeinern nicht das Kommando. Sie sind zwar durchsetzungsstark, aber als Führungskräfte miserabel, weil Sie nur bis zur eigenen Schnauzenspitze denken können und keinen Millimeter weiter. Sperren Sie die Schweinehunde aber auch nicht weg. Wenn sie in den Untergrund gehen, bekommen Sie die Guerilleros überhaupt nicht mehr zu fassen.

Machen Sie Ihre Schweinehunde vielmehr zu Ihrem persönlichen Paarberatungsteam. Klingt völlig grotesk, das stimmt. Aber es ist etwas dran. Wenn ein Schweinehund durchdreht, gibt es immer einen Grund dafür. Fragen Sie doch einfach nach: »Meine liebe Schweinehündin, warum bekommst du eine Panikattacke, nur weil mein Partner sich mit einer alten Schulfreundin zum Kaffee trifft? Werden eigene schlechte Erfahrungen mobilisiert? Oder bist du eigentlich unzufrieden mit der Beziehung und malst dir deswegen aus, wie die Partnerschaft zerbricht? Was müsste ich tun, damit du dich sicher fühlst? Woran würdest du merken, dass alles in Ordnung ist?«

Geben Sie sich Zeit. Vielleicht konnten Sie Ihrer Schweinehündin ein paar Sätze aus der Schweinenase ziehen und haben selbst schon wieder Abstand zu Ihrer kleinen Schweinehund-Attacke gewonnen. Denken Sie dann doch einmal darüber nach, Ihrem Partner davon zu erzählen: »Stell dir vor, ich hatte einen Eifersuchtsanfall. Es war ausgerechnet, als du mit Ulla zum Kaffee verabredet warst. Meine Schweinehündin hat mir die fixe Idee ins Hirn gesetzt, dass du mit Ulla anbandelst und sie schließlich heiratest! Es war wie ein schlechter Film.« Manchmal bekommen Sie eine Antwort, die Ihre Schweinehündin wirklich beruhigt: »Ulla? Das ist wirklich eine absurde Idee. Mit ihr halte ich es doch nie länger als zwei Stunden aus.« Verläuft das Gespräch gut und haben Sie einen humorvollen Umgang miteinander, können Sie sich anschließend darauf berufen: »Ach, du triffst dich mit Carolin. Wahrscheinlich willst du sie heiraten …« Mit diesem minimalen Einsatz haben Sie Ihrer Schweinehündin die aufgestellten Nackenhaare schon glatt gestrichen – sie fühlt sich sicher und trollt sich.

Wenn Sie mit Ihrem Partner offen über Ihre kleinen Macken sprechen können, ohne Angst zu haben – dann können Sie sich gegenseitig so nehmen, wie Sie sind. Und Sie können beide ganz entspannt so bleiben, wie Sie sind. Es ändert sich nur der Umstand, dass Sie selbst entscheiden, was Sie tun und lassen – und nicht mehr Ihre Schweinehunde.

Übung: Verhandeln Sie mit Ihrem inneren Schweinehund

Dreht Ihr Schweinehund in der Partnerschaft immer wieder in ähnlichen Situationen durch? Dann könnte folgendes Vorgehen für Sie hilfreich sein:

1. Versuchen Sie zu ergründen, welche Gefühle (Angst? Frust? Stress?) und welche positive Absicht (Sicherheit! Spaß! Entlastung!) sich hinter seinen Attacken verbirgt. Wenn Sie damit allein nicht weiterkommen, sprechen Sie mit Ihrem Partner, mit Freunden oder mit einem professionellen Berater.

2. Würdigen Sie die gut gemeinte Intervention Ihres Schweinehunds. Erkennen Sie die positive Seite und loben Sie ihn dafür.

3. Entwickeln Sie mithilfe Ihres kleinen Beraters alternative Reaktionsmöglichkeiten – am besten mehrere –, die seinen Gefühlsausbruch beruhigen und den von ihm verfolgten Zweck mit Mitteln erreichen, die Sie selbst aussuchen.

4. Fragen Sie Ihren Schweinehund, ob er damit leben könnte.

5. Machen Sie es amtlich: Schreiben Sie auf, wie Sie in der nächsten typischen Schweinehund-rastet-aus-Situation handeln wollen. Hängen Sie Ihre Notiz dahin, wo Sie sie nicht übersehen können (Spiegel, Brieftasche, Schranktür, Autokonsole, Schreibtisch, Timer etc.).

3. Zeigen Sie, wie wichtig Sie füreinander sind

Jeder Mensch will eigentlich nichts lieber als lieben. Genau das macht uns aus. Aber unser innerer Schweinehund schmuggelt uns oft einen Film in unseren Kopf, in dem einzelne Schnipsel immer und immer wieder gezeigt werden: Wie der Partner eine Freundin etwas zu innig umarmte; wie er den überquellenden Mülleimer stehen ließ; wie er etwas kocht, das Ihnen nicht schmeckt. Mit diesem Kopfkino bringt uns der Schweinehund dazu, seinem Hang zu kleinen Gemeinheiten nachzugeben. Und so sparen wir uns die Arbeit, unserem Partner zu zeigen, wie wichtig er eigentlich für uns ist.

Dabei wissen wir doch eigentlich, dass sich in einer glücklichen Beziehung beide Partner mit allen Ecken und Kanten respektieren können und froh um jede Minute sind, die sie miteinander verbringen. Sie wissen meist sehr genau, was der andere mag oder nicht mag, was ihn froh macht und was ihn ärgert, wovon er träumt, was er hofft. Beide zeigen sich ihre Zuneigung mit ständigen Aufmerksamkeiten, liebevollen Gesten, Worten und Taten –

155

und zwar täglich. Damit ist nicht der sündhaft teure Blumenstrauß in ihrer Lieblingsfarbe gemeint und auch nicht der 1999er Jahrgang Châteauneuf du Pape Rouge zu jeder Gelegenheit, nicht Weihnachten oder Geburtstag, sondern die tausend kleinen Gesten, mit denen sich Liebende jeden Tag ein wenig rosaroter zaubern. Er bringt ihr einen Tee an den Schreibtisch, sie setzt sein Lieblingsobst ungefragt auf die Einkaufsliste. Sie schließt die Küchentür, er lässt das Schlafzimmerfenster offen – wenn ihre Schweinehunde sie lassen.

Und das genau ist der Trick. Wenn der Schweinehund Ihre Liebesfähigkeit mit seinem Schwergewicht erdrückt, dann treten Sie trotzdem in Aktion. Sie fühlen sich zwar nicht danach, aber Sie drücken Ihre Liebe trotzdem aus. Das verblüffende dabei ist, dass genau durch Ihre Aktion das Gefühl der Liebe entsteht. (Vielleicht kennen Sie einen ähnlichen Effekt beim Lachen: Wenn Sie lachen, obwohl Ihnen gar nicht danach zumute ist, fühlen Sie sich danach viel besser.)

Liebe ist eben nicht nur ein Gefühl, sondern eine Vielzahl von Aktionen, die Wertschätzung zum Ausdruck bringen. Also: Zeigen Sie Ihrem/Ihrer Liebsten Ihre Liebe, auch wenn Sie sich ganz und gar nicht liebevoll fühlen. Und erst recht dann, wenn Ihnen der Schweinehund einredet, dass Ihr Partner so etwas Liebes gar nicht verdient hat.

Dazu gehören nicht zuletzt ein höflicher und respektvoller Umgangston und ein gepflegtes Äußeres. Sie können zwickende Krawatten und hochhackige Schuhe zu Hause ruhig ablegen. Aber lassen Sie sich von Ihrem Schweinehund nicht zu allzu großer Nachlässigkeit verleiten. Betrachten Sie sich doch einmal aus der Perspektive Ihres Partners: Wie würden Sie sich fühlen, wenn Sie von einer Dienstreise nach Hause kommen und Ihnen ein ungewaschenes Wesen in löchrigen Hosen und fleckigem Pulli entgegenschlappt, das nicht einmal freundlich grüßt?

Das Gleiche gilt für Ihr Zuhause. Es ist eine Frage des gegenseitigen Respekts, Ihre Wohnumgebung einigermaßen sauber und aufgeräumt zu halten. Wenn Sie sich gemeinsam auf Ihre Liebe konzentrieren statt auf herumliegende Socken, können Sie viel leichter zu einem Standard finden, der für beide Partnern erträglich ist. Übernehmen Sie Verantwortung für Ihre Liebe! Das trägt Sie viel weiter als die Verhandlung um den gemeinsamen Putzplan.

Liebe zwischen zwei Partnern ist noch viel mehr: Sie ist eine innere Haltung, ja, eine Lebenskunst. Beide Partner stellen die gemeinsame Liebe über alles. Beide Partner unterstützen sich dabei, dass jeder einzelne über sich hinaus wachsen kann. Beide sehen im anderen vor allem das Liebenswerte, die Potenziale. Sie wertschätzen alles, was er bereits ist, und das, was er im allerbesten Fall werden könnte.

Diese Haltung erfordert es, jeden Tag präsent und wachsam zu sein. Wie geht es uns? Hat unsere Liebe Raum, zu wachsen? Kommt es zu Missverständnissen oder zu anderen Störungen, sorgen beide Partner dafür, dass diese möglichst schnell aus dem Weg geräumt werden. Sind beide aufmerksam, lassen sich auch schleichende Fehlentwicklungen frühzeitig korrigieren – zum Beispiel Rollenmuster, die der Beziehung nicht gut tun.

In Paar-Seminaren kann man immer wieder erleben, dass Teilnehmer geradezu erleichtert auf diese Erkenntnis reagieren: »Wenn Liebe nicht nur ein Gefühl ist, sondern auch eine innere Entscheidung und eine Haltung, dann habe ich ja die Wahl. Dann muss ich nicht hilflos auf die Liebe warten, sondern kann mich aktiv für die Liebe entscheiden.« (Und gegen die Einflüsterungen der Schweinehunde, ließe sich anfügen.)

Übung: »Ich schätze an dir …«

1. Variante: Nehmen Sie ein Blatt Papier und schreiben Sie mindestens 20 Punkte auf, die Sie an Ihrem Partner schätzen. Sie brauchen Ihrem Partner nichts davon zu sagen. Und doch werden Sie merken, dass der liebevolle Blick auf Ihren Partner eine Wirkung zeigt. Nehmen Sie sich vor, jeden Tag mindestens einmal Ihren Partner anzuerkennen und wertzuschätzen.

2. Variante: Wenn Sie sich wirklich herausfordern wollen, absolvieren Sie diese Übung als Paar. Nachdem Sie je 20 Punkte gefunden haben, nehmen Sie sich Zeit für ein Gespräch. Sagen Sie sich gegenseitig all die kleinen und großen Dinge, die Sie am anderen schätzen.

4. Zähmen Sie Ihre Schweinehunde mit Humor

Ein auffallend großer Teil der Inserenten auf »Er-sucht-Sie-sucht-Ihn«-Seiten bezeichnet sich als »humorvoll« und sucht auch einen Partner mit Humor. Liebe ohne Lachen, so scheint es, ist für viele keine richtige Liebe. Und in der Tat ist Humor eine Tugend, die der Liebe außerordentlich gut tut.

Die wichtige Rolle des Humors unterstreicht auch Prof. Kurt Starke. Er war bis Mitte der 1990er Jahre Leiter der Forschungsstelle Partner- und Sexualforschung in Leipzig und arbeitet heute freiberuflich als Sexualforscher. Nach vielen Studien mit insgesamt über 60000 Personen kam er zu dem Ergebnis, dass der Traumpartner nicht nur intelligent, vertrauenswürdig und einfühlsam ist, sondern auch Humor hat. Humor stehe »in enger Beziehung zu Lebensgewandtheit, Souveränität, Solidarität, Freundlichkeit und auch zu Sinnlichkeit und Leidenschaft«, zitieren ihn Marion und Werner Küstenmacher. Er ist überzeugt: »Humorlose sind schlechte Liebhaber.«

Sie machen sich das Leben zu zweit leichter, wenn Sie sich selbst mitsamt Ihrer Schweinehunde mit liebevollem Humor betrachten. Das hat überhaupt nichts mit »lächerlich machen« zu tun. Im Gegenteil: Nehmen Sie einfach wahr, was ist, und lachen Sie herzlich darüber, wie komisch Ihre Schweinehunde sind. Vielleicht können

Sie Ihrem Partner in einem kleinen Rollenspiel absichtlich übertrieben zeigen, wann sein Schweinehund zuschlägt: »Dein Schweinehund flüstert dir offensichtlich ein, dass es völlig in Ordnung ist, nach dem Einkaufen die vielen Tüten mitten in den Flur zu stellen und dich dann bräsig aufs Sofa zu legen. Ich demonstriere dir das sehr gern einmal.«

Viele Paare sind außerordentlich geübt darin, sich gegenseitig zu ärgern und auf die Palme zu bringen. Drehen Sie den Spieß doch einmal um und bringen Sie Ihren Partner zum Lachen! Lachen Sie über sich selber! Gerade in Konflikten ist Humor oft das beste Heilmittel.

Das hat auch John Gottman herausgefunden. Er spricht allerdings nicht von Humor, sondern allgemeiner von »Rettungsversuchen«. Letztendlich kommt es aber auf das Gleiche heraus. »Rettungsversuch«, erklärt Gottman, »meint jede Botschaft oder Handlung – sei sie nun albern oder sonstwie –, die verhindert, dass die Negativität außer Kontrolle gerät. Rettungsversuche sind die Geheimwaffe der Paare mit emotionaler Intelligenz, und das, obwohl sich die meisten dieser Paare gar nicht bewusst sind, wie einflussreich sie handeln.«

Oft gelingt das mit einem kleinen Rollentausch. So könnte ein Partner zum Beispiel während eines Streits plötzlich einen bekannten Filmschauspieler imitieren und mit einem Zitat antworten. Kann sein, dass der Partner den Rollentausch mitmacht und entsprechend pariert. Aber selbst wenn das nicht der Fall ist: Oft kann eine solche absurde Intervention die festgefahrene Situation aufbrechen und beide Partner kurz aus ihrem momentanen Film herausholen und in einen ganz anderen beamen – eine gute Gelegenheit, sich mit etwas Abstand anzusehen, was eigentlich gerade abläuft. Das funktioniert natürlich am besten, wenn die Partner über einen gemeinsamen Fundus von Rollen verfügen, über die beide lachen können.

Wenn Ihnen das zu komisch vorkommt oder Ihnen die Rolle des Stand-up-Comedian einfach nicht liegt, können Sie auch eine andere humorvolle Methode anwenden: Wählen Sie gemeinsam ein Codewort oder einen Codespruch aus, mit dem Sie einen Streit beenden oder unterbrechen. Ob Sie ein neutrales »Pause!« bevorzugen oder doch eine komischere Variante wie etwa »Schweinehund-Alarm!«, liegt ganz bei Ihnen.

Übung: Unser gemeinsamer Rettungsanker

Beobachten Sie sich selbst im Alltag. Wie sehen Ihre Rettungsversuche in Krisensituationen aus? Machen Sie Quatsch? Nehmen Sie es sportlich (»Timeout!«)? Oder haben Sie gar keinen Rettungsring in Ihrem Repertoire? Sammeln Sie gemeinsam alle Anker, die Sie bereits verwenden. Und probieren Sie bewusst neue Zeichen, Zitate und Szenen aus. Warum lassen Sie sich im Streit nicht einmal so zu Boden fallen wie ein Westernheld, der gerade von einer tödlichen Kugel getroffen wird? Wenn Ihre Partnerschaft auf einer guten Basis steht und Sie beide Humor haben, sollte das funktionieren. (Eine Garantie dafür können wir allerdings nicht geben. Es gibt Menschen, die sich dann veralbert und nicht ernstgenommen fühlen. Letztlich gilt: Sie kennen sich und Ihren Partner am besten. Testen Sie also, was zu Ihnen beiden passt.)

Wichtig: Einigen Sie sich gemeinsam, wie Ihr persönlicher Rettungsanker aussehen soll. Und dann noch wichtiger: Versprechen Sie sich, dass Sie sofort aus Ihrem Streit aussteigen, wenn einer den Anker wirft. Und halten Sie sich daran. Sie können ja später fertig streiten.

---

5. Reden Sie miteinander über Ihre Schweinehunde

Dieser Punkt enthält eine doppelte Herausforderung.

Erstens: Reden Sie miteinander! Verschiedene Statistiken haben untersucht, wie lange Ehepaare täglich miteinander sprechen, und kommen zu Ergebnissen, die zwischen drei und neun Minuten schwanken. Fest steht: Das ist zu wenig, um zu neuen Erkenntnissen zu kommen, geschweige denn, um die Beziehung weiter zu entwickeln. Also: Schaufeln Sie sich Zeit frei zum Reden. Gehen Sie gemeinsam spazieren. Oder treffen Sie sich mitten am Tag einmal im Café, falls Sie das einrichten können.

Zweitens: Reden Sie über Ihre Schweinehunde! Das ist gar nicht so einfach. Vor allem dann nicht, wenn das Konzept des Schweinehunds Ihnen selbst einleuchtet, Ihrem Partner aber nicht. In diesem Fall nehmen Sie vielleicht eine Namensänderung vor. Mia von Waldenfels nennt die »Beschützer« eines Menschen in Ihrem Buch *Du wie Du und Ich wie Ich* zum Beispiel »Grizzlys.« Ist Ihr Partner Stadtplaner oder Meteorologin, können Sie auch von Ihren Schattenseiten sprechen. Oder Sie sprechen von Alarmknöpfen (das mag bei Ingenieurinnen gut ankommen) oder von Bugs (IT-Spezialisten lieben Programmfehler).

Ausschlaggebend ist statt der Bezeichnung aber etwas ganz anderes: Sprechen Sie nicht mit der Stimme Ihres Schweinehunds zu Ihrem Partner. Sondern sprechen Sie mit ihm *über* Ihren Schweinehund. Gestehen Sie ihm beispielsweise, dass Ihr Schweinehund ein besonders ängstliches Exemplar ist und zu schwer zu steuernden Aggressionen neigt.

Umgekehrt gilt: Haben Sie das Gefühl, dass Sie im Moment gar nicht mit Ihrem eigentlichen Partner sprechen, sondern mit dessen Schweinehund, dann schieben Sie im Geiste einen Hundezwinger zwischen ihn und sich selbst. Beobachten Sie sein Toben mit dem Interesse eines Verhaltensforschers – und stacheln Sie das wütende Tier nicht noch weiter an. Lassen Sie Zeit verstreichen. Und wenn Sie das Gefühl haben, dass der Schweinehund sich friedlich schlafen gelegt hat, dann sprechen Sie Ihren Partner einmal auf seinen kleinen Begleiter an.

Übung: Schweinehund-Verhaltensforscher

Versuchen Sie gemeinsam, Ihre Schweinehunde besser kennen zu lernen. Und wenn es mal wieder kriselt, dann schimpfen Sie nicht mehr schweinehundgetrieben drauf los (»Immer machst du …« – »Deine Art ist unerträglich …« – »Es ist alles deine Schuld!«), sondern berichten aus der Perspektive des Schweinehund-Forschers:

- »Wenn du dich so verhältst, fühlt sich mein Schweinehund bedroht und blockt alles ab.«
- »In solchen Augenblicken stellt mein Schweinehund alle Hebel auf Angriff.«
- »Du hast es bestimmt gut gemeint. Aber mein Schweinehund fühlt sich dadurch bedrängt.«
- »Jetzt bekommt mein Schweinehund Angst. Um ihn zu beruhigen, könnten wir/könntest du jetzt …«

6. Kommunizieren Sie schweinehundverträglich

Wenn Sie es geschafft haben, miteinander über Ihre Schweinehunde zu sprechen, haben Sie den schwersten Schritt schon getan. Beherzigen Sie aber zusätzlich folgende Regeln. So vermeiden Sie unnötige Schweinehund-Ausraster:

1. Sprechen Sie Klartext: Weder Ihr Partner, noch sein Schweinehund kann Ihre Gedanken lesen. Formulieren Sie Ihre Wünsche konkret und nennen Sie Ihre Gründe. Aber bitten Sie, statt zu fordern: Jeder Schweinehund legt Wert auf eine freie Entscheidung! Und tun Sie das aus folgender Haltung heraus: »Wir können uns alles sagen, und wenn es Konflikte oder Probleme gibt, dann finden wir gemeinsam einen Weg.«

2. Sprechen Sie einfach: Sie müssen nicht komplizierte Kommunikationsmethoden erlernen. Für Menschen, die sich damit noch nie befasst haben, kann es sogar befremdlich wirken, wenn Sie permanent »Ich höre dich!« oder etwas ähnliches sagen, um Ihr aktives Zuhören zu unterstreichen. Laut John Gottman wenden glückliche Ehepaare derartige Methoden auch nicht an. Sie streiten, vielleicht sogar heftig, aber sie tun es »mit viel Zuneigung und Lachen. Bei keinem von beiden weisen Herzschlagfrequenz oder Blutdruck auf Stress hin.« Die innere Haltung ist das Wichtigste: Ich interessiere mich für dich, für deine Welt, für deine Meinung, für deine Gedanken.

3. Seien Sie konstruktiv: Alles, was Sie sagen, sollte Ihnen beiden weiterhelfen. Da versteht es sich von selbst, dass Sie auf Vorwürfe, Drohungen, Manipulationen, Pauschalurteile und Jammern verzichten. Dass Sie die Gefühle Ihres Gegenübers respektieren (also nicht: »Du stellst dich aber an!«) und dass Sie bei Ihrer aktuellen Krise bleiben. Olle Kamellen gehören nicht dazu! Das ist leichter getan als gesagt. Achten Sie auf die große Lust des Schweinehunds anzuklagen, vorzuwerfen, zu beschuldigen oder zu kritisieren. Wenn Sie merken, dass Ihre Kommunikation vom Schweinehund getrieben wird, dann machen Sie einen Punkt (»Pardon, da hat mein Schweinehund gesprochen!«). Setzen Sie neu an, indem Sie Ihrem Partner erklären, welche Bitte oder welches Bedürfnis hinter den Tiraden steckt. Dies alles klappt nur, wenn Sie sich gegen die Schweinehund-Perspektive entscheiden (»Ich bin verletzt. Ich ziehe mich zurück oder greife an.«) und stattdessen aktiv die Perspektive eines Liebenden einnehmen (»Ich bin großzügig. Ich unterstelle meinem Partner das Beste. Ich gehe auf ihn zu und kläre ohne Vorwürfe, was geklärt werden muss.«).

4. Finden Sie Ihren Konfliktstil: Erarbeiten Sie einen gemeinsamen Konfliktstil, der nicht geprägt ist von Vermeidung, Durchsetzen, Nachgeben, Kompromiss, sondern von echter Kooperation. Und davon, dass *Sie* Verantwortung für die aktuelle Krise übernehmen (nicht nur Ihr Partner – auch wenn Ihr Schweinehund dafür plädiert):

- Dazu gehört, dass sich keiner der Partner in einer akuten Konfliktsituation »dünne macht«. Stattdessen sollte gelten: »Wir entscheiden uns, so lange zu bleiben, bis der Konflikt ausgestanden ist.«
- Legen Sie nicht jedes Wort des anderen auf die Goldwaage, zeigen Sie vielmehr eine großzügige Haltung. Legen Sie aber Ihre eigenen Worte auf die Goldwaage und achten Sie auf Ihre eigene Tendenz zur Übertreibung.
- Unterbreiten Sie in Konfliktsituationen so schnell wie möglich ein Versöhnungsangebot und gehen Sie positiv auf Versöhnungsangebote Ihres Partners ein.

5. Gleichen Sie Ihre Sichtweisen ab: Jeder Schweinehund hat einen ganz eigenen Blick auf die Welt. Seine Perspektive ist für ihn »die Wahrheit«. Es ist ganz wichtig, dass beide Partner sich regelmäßig darüber austauschen, was und wie sie erleben. Beide Sichtweisen können voneinander abweichen und doch ist keine »wahrer« als die andere. Die Schweinehunde müssen lernen, eventuelle Abweichungen zu akzeptieren oder zumindest ohne Jaulen auszuhalten.

Übung: Beruhigen Sie den Schweinehund

In Konflikten fällt es dem Schweinehund oft schwer, wieder auf den Teppich zu kommen. Identifizieren Sie sich nicht mit ihm, wenn er tobt und wütet. Hier hilft die Haltung: Ich *habe* einen Schweinehund, aber ich *bin nicht* mein Schweinehund. Versuchen Sie vielmehr, sich innerlich von ihm zu lösen. Folgende Fragen können Ihnen dabei helfen:

- Welche negativen Effekte hat es für mich und meinen Partner, wenn ich an meinem Ärger festhalte?
- Was wäre möglich, wenn ich den Ärger loslasse?

- Wenn ich zehn Jahre weiterdenke, ist diese Krise, dieser Vorwurf dann immer noch wichtig?
- Wenn ich meinen Partner nicht mehr wiedersehen würde – möchte ich mich so verhalten, wie es mir der Schweinehund nahelegt?
- Wie würde ich mich verhalten, wenn ich wüsste, dass mein Leben jetzt zu Ende wäre?

Sie können sich diese Fragen selbst stellen, sie mit Ihrem Partner durchgehen oder sich von einem Dritten coachen lassen. Der Effekt ist erstaunlich: Sie können erfahrungsgemäß nicht an Ihren negativen Emotionen festhalten – und der Schweinehund verliert die Lust, sich auf den Barrikaden zu verausgaben.

7. Geben Sie der Partnerschaft Zeit und Raum

Wir leben in einer hektischen Welt. Es braucht Terminplanung für die Liebe. Das ist nicht besonders romantisch, aber notwendig. Wenn Sie Ihrer Liebe und Partnerschaft nicht aktiv Raum und Zeit einräumen, werden Sie beide »aufgefressen«: von Ihrem Job, von den Kindern, von Ihrer Arbeit in Haus und Garten, von Ihrer Band, Ihrem Sportverein oder von hinterhältigen Zeitfressern (Typ geschwätziger Nachbar).

Die Liebe kommt leicht unter die Räder, weil sie keine Deadlines hat. Sie ringt zumeist nicht so lauthals um Aufmerksamkeit wie Kinder das tun. Sie setzt auch kein sichtbares Unkraut an und keine Staubschicht. Sie lässt sich leicht auf ein ungewisses Später verschieben. Doch das ist tückisch: Was Sie jetzt nicht leben, können Sie nicht nachholen. Das ist vorbei.

Nehmen Sie sich also regelmäßige Auszeiten für die Partnerschaft. Aber dosieren Sie richtig! Es ist nicht hilfreich, wenn Sie immer alles zusammen machen. Jeder braucht auch Zeit und Raum für sich, um den eigenen Freundeskreis zu pflegen und eigenen Interessen nachzugehen. Umso mehr haben Sie sich anschließend gegenseitig zu berichten!

Und noch ein wichtiger Tipp: Es kommt nicht auf die Quantität des Zusammenseins an, sondern auf die Qualität. Das können Sie auch umsetzen, wenn Ihr Terminkalender aus allen Nähten platzt. Nehmen wir an, Sie haben einen hektischen Tag und eigentlich gar keine Zeit. Nehmen Sie sich trotzdem eine zehnminütige Auszeit, in der Sie mit Ihrer ganzen Aufmerksamkeit bei Ihrem Partner sind.

Übung: Platz für die Partnerschaft

Setzen Sie sich mit Ihrem Partner zusammen und schreiben Sie auf, was Sie gern gemeinsam unternehmen. Denken Sie an Dinge, die Sie täglich gern teilen. Etwa ein gemeinsames Frühstück, bevor die Kinder aufstehen, oder ein Rendezvous auf dem Sofa, nachdem die Kinder in ihren Betten verschwunden sind. Denken Sie auch an gemeinsame Ausflüge ins Kino, in die Oper, in die Sauna, ins Restaurant, Café, in den Park oder das Fitnessstudio.

Wenn Sie Kinder haben, sammeln Sie (gemeinsam mit den Kindern) alles, was Sie gern mit der ganzen Familie erleben. Das muss nicht immer gleich ein teurer Besuch im Freizeitpark sein – auch ein gemeinsamer Sonntagmorgen mit Pfannkuchen und Ahornsirup oder Kissenschlachten im Bett machen Spaß und sind relativ preisgünstig zu haben.

Im dritten Schritt schreiben Sie auf, was Sie gern ganz allein tun: der Besuch einer Galerie, die gemütliche Stunde in der Badewanne, das Joggen am Morgen.

Und jetzt stellen Sie aus diesen Ergebnissen einen groben Plan zusammen, in dem alle einen Platz bekommen. Machen Sie das nicht zwischen Tür und Angel, sondern inszenieren Sie eine Kick-off-Veranstaltung. Ob

Sie dazu Rotwein und Kerzenlicht wählen oder Pommes und Luftballons, ist egal. Hauptsache, die Aktion bleibt in Erinnerung.

Täglich:
- ein Zeitfenster für die Partnerschaft,
- ein Zeitfenster für jeden Partner allein,
- ein Zeitfenster für die Kinder.

Jede Woche:
- ein Abend exklusiv für die Partnerschaft,
- ein Abend für jeden Partner allein,
- eine Aktion mit der ganzen Familie,
- eine Aktion mit gemeinsamen Freunden.

Jedes Jahr:
- Ein Urlaub mit der ganzen Familie (wenn möglich)
- und zusätzlich: für jeden Partner eine exklusive Auszeit.

Am besten vereinbaren Sie regelmäßige Planungstreffen mit allen Beteiligten. (Schreiben Sie sich diese Termine in Ihren Kalender!) Hier legen Sie fest, was in der kommenden Woche oder im kommenden Monat passiert.

Erfahrungsgemäß schlagen die Schweinehunde irgendwann wieder zu, und Ihre Vorhaben verlaufen nach ein paar Wochen im Sande. Schreiben Sie sich deshalb einen zusätzlichen Platz-für-die-Partnerschaft-Wiederbelebungstermin in Ihren Kalender – je nach Ihrer Einschätzung zwei oder drei Monate nach Ihrem Kick-off.

8. Setzen Sie Grenzen

Eine Beziehung kann nur glücklich sein, wenn jeder Partner das »Wir« bedingungslos an die erste Stelle setzt und zugleich weiß, wo die Grenze zwischen beiden Partnern verläuft. Dann hat jeder für sich genug Zeit in der Woche und Platz in der Wohnung. Niemand schreit herum, niemand muss sich mit Essen quälen, das ihm nicht schmeckt. Der eine verpestet die Luft nicht mit Tabakqualm oder esoterischem Salbeirauch, wenn der andere das nicht mag. Beide respektieren es, dass der Partner bestimmte Spielarten unter der Bettdecke mag, andere aber nicht ertragen kann. Der eine Partner schiebt nicht dem anderen die Verantwortung für Aufgaben zu, indem er sie einfach liegen lässt. Jeder Partner garantiert dem anderen seelische Unversehrtheit. Er tastet dessen Würde nicht an.

Das klingt einfach, aber: Leider funktioniert das in vielen Partnerschaften nicht. Für beide Partner ist es daher notwendig, klare Grenzen zu setzen.

Oft ist es gar keine böse Absicht, dass Ihr Partner über Ihre persönliche Grenze stolpert. Vielleicht hat er sie ja gar nicht bemerkt? Oder er hat sich wider besseres Wissen von seinem (faulen, zornigen, egozentrischen) Schweinehund darüber schubsen lassen? Lassen Sie das auf keinen Fall zu! Es geht nicht nur darum, dass Sie Ihre eigene Haut retten, sondern auch Ihre Partnerschaft. Wenn Sie sich nämlich über einen langen Zeitraum zu viel gefallen lassen, streikt irgendwann Ihr eigener Schweinehund, und Sie rennen Hals über Kopf aus dem Haus. Vielleicht kollabiert sogar auch Ihr Körper oder Ihre Psyche.

Lassen Sie es nicht so weit kommen. Ziehen Sie Grenzen – deutlich und immer wieder. Haben Sie keine Angst, sich zu wiederholen. Die inneren Schweinehunde sind so damit beschäftigt, ihre eigenen Grenzen (respektive die ihres Menschen) zu markieren und zu verteidigen, dass sie die Grenzziehungen ihres Gegenübers nur mühsam wahrnehmen können.

Übertreiben Sie es jedoch nicht: Achten Sie gleichzeitig darauf, dass Sie vor lauter Grenzziehungen das »Wir« Ihrer Partnerschaft nicht vergessen. Die folgende Übung hilft Ihnen, Grenzen zu setzen und gegenseitig zu respektieren.

Übung: Grenzen äußern und verstehen

Schreiben Sie beide auf, welche fünf Verhaltensweisen Ihres Partners Ihnen missfallen. Und dann reden Sie miteinander darüber. Treffen Sie die Vereinbarung, Ihre Grenzen gegenseitig zu respektieren und es sich im Fall eines Falles sofort und liebevoll (!) zu sagen, wenn Ihre Grenzen überschritten werden.

Was missfällt Ihnen an Ihrem Partner?	Was missfällt Ihrem Partner an Ihnen?

9. Setzen Sie das »Wir« an die erste Stelle

Solange jeder Partner vor allem »Ich!« sagt und mit Grenzziehungen beschäftigt ist, kämpft jeder für sich und damit tendenziell gegen den anderen. Kein Wunder, dass diese Grundhaltung die Schweinehunde in Alarmbereitschaft versetzt. Sie bewaffnen sich bis zur Schweineschnauze, um ihre Menschen zu schützen und zu verteidigen.

Probieren Sie doch einmal eine andere Grundhaltung. Sagen Sie bei jeder Entscheidung »Wir«. Sagen Sie: »Ich entscheide nicht ohne dich. Das entscheiden wir gemeinsam.« Wenn beide Schweinehunde wissen, dass niemand wichtige Entscheidungen im Alleingang trifft, dann rüsten sie automatisch ab.

Richten Sie auch im Alltag Ihr Augenmerk auf das »Wir«. Was verbindet Sie? Was macht Ihre Liebe aus? Schauen Sie liebevoll und großzügig auf Sie beide. Betrachten Sie sich aus der Vogelperspektive. Stellen Sie sich vor, Sie beide seien die Hauptdarsteller eines romantischen Liebesfilms. Lassen Sie sich von Ihrem ganz persönlichen Glück anrühren. Sie haben sich gefunden! Sie sind zusammen! Ist das nicht wundervoll?

Für diese Perspektive lohnt es sich, den »Fusselblick« auszuschalten. Die Fusseln auf seinem Jackett und auf dem Wohnzimmerteppich sind unwichtig. Ihre kleinen Zankereien sind unwichtig. Ihre vorübergehenden Stimmungsschwankungen sind nicht essenziell. Denken Sie groß!

John Gottman appelliert vor allem an den Mann, seine emotionale Intelligenz in Schwung zu bringen (er geht offenbar davon aus, dass Frauen samt Schweinehündinnen in dieser Disziplin von Natur aus besser abschneiden). Gottmann zufolge hat der emotional intelligente Ehemann herausgefunden, »wie er seine Frau ehren und ihr seinen Respekt zeigen kann«. Das sei entscheidend. »Er entscheidet ›wir‹ anstatt ›ich‹.« Das heißt: Im Zweifelsfall schaltet er den Fernseher aus, um mit seiner Frau zu sprechen. Der Effekt: Er »führt ein sinnvolles und reiches Leben. Die glückliche Grundstimmung in der Familie macht es ihm möglich, auch im Beruf kreativ und erfolgreich zu sein. Weil er mit seiner Frau so eng verbunden ist, wird sie sich ihm nicht nur dann zuwenden, wenn sie ärgerlich, sondern auch, wenn sie glücklich ist.«

Gottman belegt seine Beobachtung sogar mit einer Zahl: In seiner Langzeitstudie mit 130 jungverheirateten Paaren hat er herausgefunden, dass (wir überspitzen das Ergebnis jetzt ein wenig) die Ehe von Ego-Machos, die alles allein entscheiden wollen, unglücklicher ist als die Ehe von Männern, die ihrer Frau Einfluss gewähren. »Wenn ein Mann nicht willens ist, die Macht mit seiner Partnerin zu teilen, dann beträgt die Wahrscheinlichkeit, dass seine Ehe scheitern wird, 81 Prozent«, so Gottman.

Im »Wir« steckt eine große Kraft. Es hilft dabei, die Schweinehunde hinter den Schutzwällen hervorzulocken, und es ermutigt die Schweinehündinnen, ihre Anklagen einzustellen.

Übung: Wir-Regeln aufstellen

Eine neue Haltung kann man sich nicht anlesen – sie muss trainiert und gelebt werden. Sie machen sich den Perspektivwechsel vom »Ich« zum »Wir« leichter, wenn Sie gemeinsame Regeln aufstellen. Setzen Sie sich zusammen und schauen Sie, was für Sie passt:

- Wir treffen jede wichtige Entscheidung gemeinsam.
- Wir halten Rücksprache, bevor wir einen Termin zu- oder absagen.
- Wenn wir uns in einen Konflikt verrannt haben, werfen wir so schnell wie möglich unseren Rettungsanker.
- Wir tragen die Verantwortung für unsere Kinder gemeinsam.
- Wir tragen die Verantwortung für unseren Haushalt gemeinsam.
- Wir verhalten uns in der Partnerschaft loyal.
- Wir sorgen dafür, dass beide Partner wachsen können.
- Im Zweifelsfall entscheiden wir uns für die Partnerschaft und für die Familie.

In die folgende Tabelle können Sie Ihre ganz persönlichen Wir-Regeln eintragen.

Unsere Wir-Regeln

Schreiben Sie Ihre persönlichen Regeln auf und hängen Sie diese gut sichtbar an einen würdigen Ort in Ihrer Wohnung.

Happy End:
Mit dem Schweinehund ins Glück

»Und sie lebten glücklich bis ans Ende ihrer Tage …« – klapp das auch mit den inneren Schweinehunden? Wir können Ihnen leider kein Patentrezept mit Erfolgsgarantie für Ihre Beziehung präsentieren. Wir kennen aber ein Team, das Sie auf dem Weg zu Ihrem persönlichen Happy End unterstützen kann: Sie selbst und Ihr Schweinehund. Sie kennen sich und Ihren Partner (nebst Schweinehund) am besten. Vertrauen Sie sich selbst! Unser Ratgeber kann Ihnen dabei helfen, Ihre Gedanken zu sortieren und Strategien auszuarbeiten. Um nicht mehr, aber auch nicht weniger geht es in diesem Kapitel.

Wenn Sie etwas für Ihre Partnerschaft tun wollen, dann tun *Sie* es. Versuchen Sie nicht, Ihren Partner oder Ihre Partnerin zu verändern oder verantwortlich zu machen. Setzen Sie bei sich selbst an. Konzentrieren Sie sich auf die Änderungen, die *Ihr* Verhalten betreffen. Wahrscheinlich reagiert Ihr Partner auf Ihre Änderungen. Das aber sollte nicht das eigentliche Ziel sein (auch wenn Ihr Schweinehund das gerne so hätte). Wir möchten Ihnen vorschlagen, in drei Schritten vorzugehen.

1. Entscheiden Sie, ob Sie handeln wollen

Legen Sie eine Liste mit Änderungen an, die Sie sich in Ihrer Partnerschaft wünschen. Vielleicht liegen Ihnen einige Probleme schon lange sehr am Herzen? Möglicherweise gibt es auch Dinge, die Sie nur sporadisch nerven? Verbreitet sind folgende Punkte:

- »Wir geraten oft über Kleinigkeiten in Streit.«
- »Wir haben langweiligen Sex.«
- »Ich habe das Gefühl, dass mein Partner/meine Partnerin mir nicht richtig zuhört.«
- »Ich ärgere mich darüber, dass ich den größten Teil der familiären Pflichten übernehme.«
- »Es kränkt mich, dass mein Partner mir in Anwesenheit der Schwiegereltern immer wieder in den Rücken fällt.«

Nun sind Sie wieder an der Reihe. Notieren Sie, was Sie in Ihrer Partnerschaft ändern möchten und entscheiden Sie, wie dringend Sie diese Punkte in Angriff nehmen wollen. Konzentrieren Sie sich auf langfristige Verhaltensänderungen. Kurzfristige Aktionen (Wellness-Wochenende mit Partner, gemeinsame Schränke ausmisten) notieren Sie auf einem anderen Blatt.

Problem in unserer Beziehung	Möchte ich ändern	Möchte ich später ändern

Das eigene Verhalten langfristig zu ändern ist viel schwieriger, als lange verschobene Einmalaktionen (wie etwa Keller ausmisten) gegen den Widerstand des Schweinehundes zu erledigen. Deshalb ist es sehr wichtig, dass Ihr Schweinehund ganz genau weiß, warum sich diese Anstrengung lohnt, oder warum Sie sogar existenziell notwendig ist. Wägen Sie also die Vor- und Nachteile Ihres Handelns ab. Etwa so:

Handeln versus Nichthandeln	
Vorteile, wenn ich mich um eine erfülltere Sexualität bemühe	**Nachteile,** wenn ich mich *nicht* um erfülltere Sexualität bemühe
... in einem Monat: Wir kommen besser in Kontakt. Wir sind ausgeglichener. Wir blühen auf.	**... in einem Monat:** Wir gehen uns aus dem Weg. Wir werden unzufriedener. Wir streiten noch mehr als jetzt.
... in einem Jahr: Uns geht es gut. Wir genießen unser Zusammenleben.	**... in einem Jahr:** Wir haben keinen intensiven Kontakt mehr zueinander. Die Partnerschaft fühlt sich nicht mehr lebendig an.
... in zehn Jahren: Wir ruhen in uns selbst. Wir sind glücklich miteinander.	**... in zehn Jahren:** Wir haben unseren Kontakt verloren.
Nachteile, wenn ich mich um eine erfülltere Sexualität bemühe: Ich beschäftige mich mit einem mir unangenehmen Thema. Ich habe Angst vor der Reaktion meines Partners.	**Vorteile,** wenn ich mich *nicht* um eine erfülltere Sexualität bemühe: Bequem ist bequem!
Fazit: Der Einsatz lohnt sich!	**Fazit:** Der bequeme Weg gefährdet die Partnerschaft!

Nun sind Sie dran. Welche Konsequenzen hätte Ihr Handeln beziehungsweise Ihr Nichthandeln?

Diese Überlegungen sind sehr wichtig, denn: Nur wenn Ihr Schweinehund wirklich verstanden hat, warum eine Verhaltensänderung für Sie existenziell wichtig ist, dann zieht er mit.

Handeln versus Nichthandeln	
Vorteile, wenn …	**Nachteile**, wenn …
… in einem Monat:	… in einem Monat:
… in einem Jahr:	… in einem Jahr:
… in zehn Jahren:	… in zehn Jahren:
Nachteile, wenn …:	**Vorteile**, wenn …:
Fazit:	**Fazit:**

Bevor Sie nun loslegen, müssen Sie nur noch einen weiteren Punkt klären. Weihen Sie Ihren Partner in Ihre Pläne ein oder nicht? Geht es allein um Ihren eigenen Schweinehund (der immer in den Sachen des Partners herumkramen will, bei Auseinandersetzungen schnell in die Luft geht, bis spät Abends im Büro bleiben will), dann müssen Sie Ihrem Partner von Ihren Änderungsplänen nicht unbedingt etwas erzählen. Wenn Sie es aber doch erzählen möchten, steht dem natürlich nichts im Wege: Wahrscheinlich ist die Freude groß, wenn Ihr Partner sieht, dass Sie sich für die Partnerschaft engagieren, ohne dass er/sie selbst etwas tun muss.

Anders sieht es aus, wenn Sie Ihre Gesprächskultur, Ihre Sexualität oder die Verteilung der häuslichen Pflichten verbessern wollen. In diesem Fall kommen Sie um eine Diskussion mit Ihrem Partner oder Ihrer Partnerin nicht herum. Wenn Sie schweinehundfreundlich vorgehen, dürfte das gar nicht so schwer sein. Wichtig: Sprechen Sie immer aus Ihrer eigenen Perspektive, äußern Sie Ihre Wünsche und Träume konkret und vermeiden Sie jegliche Anklage. (Also nicht: »Sex mit dir ist wirklich nicht mehr so spannend!«, sondern: »Erinnerst du dich noch an den Urlaub in XY, als wir zusammen so viel Spaß im Bett hatten? Das würde ich so gerne wieder erleben. Geht dir das auch so? Ich habe eine Idee, was wir vielleicht machen könnten. Willst du sie hören?«).

2. Planen Sie, was Sie wann machen wollen

Es geht um Ihre Verhaltensänderungen – das heißt um die Entwicklung Ihrer Persönlichkeit. Das funktioniert nicht nach Terminkalender, aber auch nicht ganz ohne. Wichtig ist, dass Sie dranbleiben. Legen Sie also fest, wann Sie sich über Ihre Fortschritte austauschen wollen (mit Ihrem Partner oder mit einem Coach oder Therapeuten) – und lassen Sie offen, wann der Prozess beendet sein soll. Die Entwicklung der eigenen Persönlichkeit ist ohnehin niemals abgeschlossen.

Und noch ein Tipp: Suchen Sie immer nach der Lösung, die am einfachsten ist. Komplizierte Putzpläne mit unregelmäßigen Terminen und rotierenden Aufgaben sind zum Beispiel viel krisenanfälliger als eine Haushaltshilfe, die regelmäßig kommt und einfach alles erledigt. Komplexe Kommunikationstheorien geraten viel schneller in Vergessenheit als die einzige Regel: »Wir werfen so schnell wie möglich Rettungsanker.« Versuchen Sie nicht, ein zum Stillstand gekommenes Sexualleben mit dem Kamasutra anzukurbeln. Machen Sie es sich so einfach wie möglich. Ihr Schweinehund wird es Ihnen danken.

Schauen Sie sich nun Ihre Liste an. Was wollen Sie zuerst in Angriff nehmen? Ein oder zwei Punkte reichen für den Anfang völlig aus. Formulieren Sie für jedes Problem, das Sie lösen wollen, ein

Ziel. Und zwar so, dass die Formulierung nicht im Handumdrehen vom Schweinehund gefressen wird. Das ist gar nicht so schwer. Eine relativ hohe Schweinehund-Sicherheit erreichen Sie, wenn Ihre Vorsätze

- realistisch und machbar sind,
- positiv und konkret formuliert,
- terminiert und
- mit einem klaren Zielbild versehen.

Realistisch und machbar: In vielen Fällen ist es notwendig, dass Sie sich zuerst einmal Wissen aneignen. Erstens, um die Machbarkeit Ihres Vorhabens besser einschätzen zu können, und zweitens, um zu schauen, wie sich Ihr Vorhaben in so kleine Schritte zerlegen lässt, dass der Schweinehund sie ohne Rebellion geschehen lässt. Je nach Thema lesen Sie also zum Beispiel Bücher zum Thema Sexualität, sprechen mit einem Paartherapeuten oder Sie informieren sich über Haushaltshilfen in Ihrer Gegend.

Positiv und konkret formuliert: Sie nehmen sich also nicht vor, »weniger zu arbeiten« (das wäre negativ formuliert und nicht konkret), sondern beschließen, an welchen Wochentagen Sie früher nach Hause kommen (genaue Uhrzeit festlegen!), um Zeit mit Ihrem Partner/Ihrer Partnerin/Ihrer Familie zu verbringen.

Terminiert: Sie verleihen Ihren Liebsten Präsenz in Ihrem Terminkalender. Tragen Sie ein, wann Sie Ratgeber lesen oder Beratungstermine wahrnehmen, wann Sie gemeinsam Essen gehen, Sport treiben, die Wohnung in Ordnung bringen und – das ist Ernst gemeint – wann Sie Sex miteinander haben wollen.

Mit einem klaren Zielbild versehen: Malen Sie sich aus, wie schön Sie es miteinander haben werden, wenn Sie Ihre Vorhaben umgesetzt und Ihre Partnerschaft auf eine neue Schiene gebracht haben. Aber verlieren Sie sich nicht in romantischen Träumereien. Bleiben Sie realistisch!

3. Legen fest, wie Sie anfangen und durchhalten

Wichtig: Machen Sie sich den Anfang leicht, indem Sie einen möglichst kleinen Schritt gehen, und indem Sie ihn möglichst sofort gehen. Ein Beispiel wäre: Sie bestellen jetzt gleich ein Buch zu Ihrem Thema. Oder Sie suchen die Adresse eines Beraters heraus und rufen dort an. So hat Ihr Schweinehund gar keine Zeit, Sabotagestrategien auszuhecken.

Neue Gewohnheiten einüben

Es ist nicht leicht, alte Gewohnheiten zu ändern, weil diese eine enorm starke Widerstandskraft haben. Wenn Sie jemals versucht haben, sich das regelmäßige Joggen anzugewöhnen oder auf eine vollwertige Ernährung umzusteigen, dann wissen Sie das. Der Schweinehund schickt uns immer wieder auf den ausgetretenen Trampelpfad unserer alten Gewohnheiten zurück, weil ihm der Gang durch unerschlossenes Gelände zu anstrengend ist.

Ihnen bleibt also nichts anderes übrig, als sich in der ersten Zeit gegen den massiven Widerstand Ihres Schweinehund durchzuschlagen, bis Sie sich einen neuen Weg geebnet haben. Das kann eine Zeitlang dauern: vielleicht Wochen, vielleicht auch Monate. Aber halten Sie durch, Sie können es schaffen!

Wenn Sie mit Ihrem Partner zusammen an Ihrer Beziehung arbeiten, haben Sie es sogar etwas leichter. In schwachen Momenten ziehen Sie sich gegenseitig weiter. Sie warnen sich gegenseitig vor den Sabotageakten Ihrer Begleiter (»Schweinehund-Alarm!«). Und manchmal gelingt Ihnen vielleicht sogar ein Überraschungserfolg: So können die Schweinehunde zum Beispiel von den neuen Dimensionen Ihres Sexuallebens so fasziniert sein, dass sie ihren Widerstand einfach aufgeben. Oder sie fühlen sich in Ihrer neuen, humorvollen Gesprächskultur so wohl, dass sie freiwillig nicht mehr so oft dazwischen bellen.

Suchen Sie sich Mitstreiter

Glaubt Ihr Schweinehund, dass keiner Ihre Beziehungsprobleme versteht? Oder dass es zu peinlich wäre, mit Dritten darüber zu sprechen? Sagen Sie ihm, dass jeder, der in einer Beziehung lebt, mit ähnlichen Herausforderungen zu kämpfen hat. Und dass es oft hilfreich ist, sich in einer schwierigen Situation Unterstützung von außen zu holen.

Weihen Sie also jemanden in Ihr Vorhaben ein, wenn Sie das Gefühl haben, dass Ihnen das helfen könnte: Ihre beste Freundin, jemanden aus Ihrer Familie, einen Profi. Treffen Sie sich regelmäßig, um sich über Ihre Fortschritte und eventuellen Rückschläge auszutauschen.

Suchen Sie den Kontakt zu Paaren, von denen Sie den Eindruck haben, dass sie einige Ihrer Ziele schon verwirklicht haben. Vielleicht können Sie sich etwas abgucken, oder sich von der guten Atmosphäre beflügeln lassen, die zwischen den Partnern herrscht.

Umgekehrt: Machen Sie sich bewusst, wer sich in Ihrem Umfeld darauf spezialisiert hat, Ihnen den Mut zu rauben, oder anders gesagt: Ihrem Schweinehund den Rücken zu stärken. Das kann Ihre eigene Mutter sein, die Ihren Partner mehr oder weniger offen ablehnt und alle Ihre Versuche, Ihre Beziehung zu verbessern, von vornherein als zwecklos abstempelt. Oder Ihre Freundin, die in ihrer eigenen Beziehung nicht glücklich ist und froh darüber, dass es jemandem ähnlich geht wie ihr selbst. Versuchen Sie, sich selbst und ihr Vorhaben so gut wie möglich zu schützen. Schieben Sie eine imaginäre Scheibe Sicherheitsglas zwischen sich und diese Miesmacher – oder gehen Sie Ihnen aus dem Weg.

Mit dem Schweinehund zum Happy End

Es ist recht unwahrscheinlich, dass Sie nun dieses Buch zuklappen und sofort eine Vorzeige-Beziehung hinkriegen. Aber es ist gut möglich, dass Sie sich ermutigt fühlen, zusammen mit Ihrem

Schweinehund ein paar »heiße Eisen« in Ihrer Partnerschaft anzu-
packen. Viel Erfolg dabei!

Absolvieren Sie außerdem jeden Tag eine Schweinehund-Übung –
und sei sie auch noch so klein. Das tut der Freundschaft zwischen
Ihnen und Ihrem Schweinehund gut, und es stärkt Ihre Liebesbeziehung zu Ihrem Partner oder Ihrer Partnerin. Hier einige Ideen.

Kleine Schweinehund-Übungen für zwischendurch

- Sagen Sie Ihrem Partner oder Ihrer Partnerin zwischendurch: »Ich bin
  froh, dass es dich gibt und ich mit dir leben darf.«
- Nehmen Sie ihn oder sie mal wieder in die Arme – einfach so zwi-
  schendurch.
- Bieten Sie Ihrem Partner oder Ihrer Partnerin an, dass Sie eine Stunde
  lang nur zuhören werden.
- Rufen Sie zwischendurch an und sagen Sie: »Ich denke an dich und
  freu mich auf dich.« Oder schicken Sie eine E-Mail, Postkarte oder
  SMS mit der gleichen Botschaft.
- Bieten Sie Ihrem Partner oder Ihrer Partnerin an, sie zu massieren.
- Räumen Sie ungefragt ihre »Kruschtelecke« auf.

Sie können auch gemeinsam etwas für Ihre Beziehung tun.

Kleine Schweinehund-Übungen zu zweit

- Unternehmen Sie gemeinsam eine kleine Entdeckungstour in einen
  anderen Stadtteil oder den Nachbarort.
- Nehmen Sie sich gemeinsam einen Tag frei und machen Sie etwas,
  was Sie sonst nie tun.
- Treiben Sie gemeinsam Sport oder gehen Sie in die Sauna.

- Stellen Sie Ihren Fernseher für zwei Wochen in den Keller Ihrer Freunde.
- Besuchen Sie ein Paar-Seminar, einen Meditations- oder Weiterbildungskurs.

Soweit einige Anregungen. Ihnen fällt sicherlich noch viel mehr ein. Bleiben Sie dran! Und offen gesagt, es bleibt Ihnen auch gar nichts anderes übrig. Denn die inneren Schweinehunde lassen sich niemals so bändigen, dass sie sich gar nicht mehr in Ihre Partnerschaft einmischen. So kann es also spannend und lebendig zwischen Ihnen werden und bleiben!

Die 33 besten Tipps
im Umgang mit den Schweinehunden

Sie haben nun erfahren, wie Sie in Ihrer Partnerschaft glücklich leben können – gemeinsam mit Ihren beiden Schweinehunden. Die 33 besten Tipps finden Sie hier noch einmal als Übersicht.

1. Lernen Sie Ihren eigenen Schweinehund kennen. Machen Sie sich bewusst, wie er Ihre Partnerschaft torpediert. Achten Sie insbesondere auf seine Tendenz, Ihnen zu einem Partner mit einem Schweinehund zu raten, dessen Macken das genaue Gegenteil seiner eigenen Macken sind – etwa bei den Themen Treue, Vertrauen, Kontrolle oder Ordnung.

2. Beobachten Sie den Schweinehund Ihres Partners. Versuchen Sie auch, die Sabotage-Akte des Schweinehundes Ihres Partners oder Ihrer Partnerin zu durchschauen. Wann und in welchen Lebensbereichen sabotiert er?

3. Beschimpfen Sie beide Schweinehunde nicht. Versuchen Sie nicht, die Schweinehunde »zu überwinden«. Erkennen Sie vielmehr die positiven Absichten an, die hinter ihren Sabotageakten stecken.

4. Klären Sie die Heirats- und die Kinderfrage. Auch wenn Ihnen das altmodisch vorkommt oder Sie das Gefühl haben, dass die Zeit dazu noch nicht reif ist: Die Frage nach dem »Ja!« und nach Kindern steht irgendwann im Raum und muss besprochen werden. Tun Sie es! Das besänftigt die Schweinehunde.

5. Nehmen Sie die Schweinehunde mit Humor. Erkennen Sie die komische Seite Ihrer beiden Saboteure. Reagieren Sie auf Schweinehund-Attacken mit entwaffnendem Humor.

6. Werfen Sie Rettungsanker. Helfen Sie sich gegenseitig aus dem Schweinehund-Strudel heraus, indem Sie Rettungsanker werfen. Das können vereinbarte Worte (»Schweinehund-Alarm!«) oder Gesten (»Timeout!«) sein, die Ihnen beiden signalisieren, sofort aus einer Auseinandersetzung auszusteigen.

7. Machen Sie die Schweinehunde zu Ihrem Thema. Sagen Sie sich gegenseitig, bei welchen Reizworten oder in welchen Situationen Ihr Schweinehund typischerweise auf die Barrikaden geht.

8. Machen Sie Ihre Schweinehunde zu Ihren Beratern. Im Grunde möchten Schweinehunde, dass Sie beide eine erfüllende Liebe leben. Wenn Sie das Gefühl haben, dass sich Ihr Schweinehund in Ihre Partnerschaft einmischt, dann fragen Sie ihn doch einmal, wozu das seiner Meinung nach gut sein soll.

9. Legen Sie Ihren Fokus auf Ihren Schweinehund. Wenn Sie etwas in Ihrer Partnerschaft ändern wollen, dann beginnen Sie bei sich selbst.

10. Lassen Sie den Schweinehund Ihres Partners in Ruhe. Versuchen Sie keinesfalls, Ihren Partner zu ändern. Akzeptieren Sie ihn mitsamt seinem Schweinehund genau so, wie er ist.

11. Wachsen Sie gemeinsam. Lassen Sie es zu, dass Sie sich innerhalb der Partnerschaft verändern. Nur so ist gemeinsames Wachstum möglich.

12. Setzen Sie sich nicht unter Druck. Je mehr Druck Sie Ihrem Schweinehund machen, desto bissiger wird er.

13. Nicht *als*, sondern *über* den Schweinehund sprechen. Wenn Sie merken, dass ihr Schweinehund tobt, dann fallen Sie nicht in sein

Gebell ein. Sprechen Sie stattdessen über seine Ängste und Wünsche.

14. Verhandeln Sie mit dem Schweinehund. Wenn Sie immer wieder in die gleiche Schweinehund-Falle tappen, bieten Sie Ihrem Schweinehund alternative Handlungsmöglichkeiten an, die den von ihm verfolgten Zweck mit anderen Mitteln erreichen.

15. Entscheiden Sie sich für die Liebe und zeigen Sie es. Zeigen Sie Ihrem Partner oder Ihrer Partnerin Ihre Liebe jeden Tag mit vielen kleinen Gesten und Aufmerksamkeiten, auch wenn Sie sich im Moment nicht danach fühlen und Ihr Schweinehund Sie davon abhalten will.

16. Planen Sie für Ihre Partnerschaft Zeit und Raum ein. Eine Partnerschaft braucht Zeit und Raum, um zu wachsen. Planen Sie Zeit für Ihre Partnerschaft ein, insbesondere, wenn Ihr Schweinehund ein Workaholic ist oder wenn Sie besonders lebhafte Kinder haben, die Sie viel beanspruchen.

17. Setzen Sie klare Grenzen. Geben Sie sich selbst und Ihrem Schweinehund auch eigene Zeit und eigenen Raum. Wenn er weiß, dass er seinen eigenen Freiraum nicht aufgeben muss, fällt es ihm leichter, sich auf die Partnerschaft einzulassen.

18. Setzen Sie das »Wir« an die erste Stelle. Sagen Sie im Zweifelsfall immer »Wir« statt »Ich«. Insbesondere dann, wenn Ihr Schweinehund zu Alleingängen neigt.

19. Lassen Sie die Sexualität nicht im Dunkeln. Sprechen Sie darüber, informieren Sie sich, entwickeln Sie Ihre Erotik gemeinsam weiter.

20. Bringen Sie Ihre Partnerschaft voran. Treffen Sie eine klare Entscheidung, was Sie in Ihrer Partnerschaft ändern möchten.

21. Wählen Sie realistische Vorhaben. Weder Sie noch Ihr Partner werden über Nacht zu Superhelden. Nehmen Sie sich nur solche Änderungen vor, die Sie tatsächlich schaffen können.

22. Machen Sie sich schlau. Eignen Sie sich das notwendige Knowhow an, damit Sie Ihr Vorhaben verwirklichen können. Lesen Sie Ratgeber und Fachbücher, sprechen Sie mit Profis, besuchen Sie Seminare.

23. Teilen Sie Ihr Vorhaben in machbare Schritte auf. Je kleiner die Schritte, desto kleiner der Widerstand Ihres Schweinehundes.

24. Holen Sie den Schweinehund ins Boot. Erklären Sie Ihrem Schweinehund, warum Ihr Anliegen wichtig für Sie ist. Hilfreich ist dabei die Vorteile-Nachteile-Liste.

25. Holen Sie Ihren Partner ins Boot. Sprechen Sie mit Ihrem Partner über die Dinge in Ihrer Partnerschaft, die Sie nur gemeinsam verändern können. Jammern und klagen Sie nicht. Formulieren Sie Ihre Wünsche und Träume möglichst genau. Punkten Sie mit konstruktiven Vorschlägen.

26. Formulieren Sie Ihr Ziel konkret und positiv. Nur so ist Ihr Ziel vor Schweinehund-Attacken einigermaßen sicher.

27. Verankern Sie Ihr Vorhaben im Terminkalender. Kein Termin, keine Tat. Das gilt auch für die Entwicklung Ihrer Partnerschaft. Notieren Sie auch Teilschritte.

28. Entwerfen Sie ein Zielbild. Machen Sie sich ein Bild davon, wie glücklich Ihre Partnerschaft sein wird, wenn Sie Ihr Ziel erreicht haben.

29. Beginnen Sie sofort. Wenn Sie den ersten, kleinen Schritt gehen, noch bevor Ihr Schweinehund sich aus seinem Körbchen erhoben hat, fallen Ihnen die nächsten Schritte leichter.

30. Machen Sie sich den Anfang leicht. Beginnen Sie klein: Ein Gespräch, ein Anruf, ein Buch – mehr braucht es nicht für den ersten Schritt.

31. Suchen Sie sich Unterstützung. Regelmäßiger Austausch mit Verbündeten oder Eingeweihten hilft Ihnen, Durststrecken zu meistern. Und wenn sich außer Ihnen noch jemand über ihre Fortschritte freut, motiviert das Ihren Schweinehund!

32. Meiden Sie Miesepeter. Frustrierte, Pessimisten, Jammerlappen, Besserwisser oder Menschen, die dazu neigen, Frauen oder Männer grundsätzlich zu verachten, sind bei der Entwicklung Ihrer Partnerschaft nicht hilfreich. Lassen Sie sich von ihnen nicht herunterziehen, umfahren Sie diese lieber weiträumig.

33. Trainieren Sie regelmäßig mit Ihren Schweinehunden. Nehmen Sie sich Punkte vor, die Sie in Ihrer Partnerschaft verändern wollen. Absolvieren Sie außerdem jeden Tag eine kleine Schweinehund-Übung. Und trainieren Sie gelegentlich auch gemeinsam mit Ihren Schweinehunden. Sie werden sehen: Je zahmer die beiden Raubeine werden, desto mehr Spaß macht das Leben zu viert.

Mit den Schweinehunden zum Happy End

Literatur

Manfred Amelang: *Attraktion und Liebe. Formen und Grundlagen partnerschaftlicher Beziehungen*, Göttingen 1995

Hans-Werner Bierhoff und Elke Rohmann: »Liebe aus sozialpsychologischer Sicht.« In: *Das Familienhandbuch des Staatsinstituts für Frühpädagogik (IFP).*www.familienhandbuch.de/cmain/f_Aktuelles/a_Partnerschaft/s_692.html

Bundesministerium für Familie, Frauen, Senioren und Jugend: *Gender Datenreport. Kommentierter Datenreport zur Gleichstellung von Frauen und Männern in der Bundesrepublik Deutschland.* www.bmfsfj.de/bmfsfj/generator/Publikationen/genderreport/4-Familien-und-lebensformen-von-frauen-und-maennern/4-4-Heirat-und-uebergang-zur-elternschaft/4-4-1-alter-bei-erster-heirat-und-geburt-des-ersten-kindes.html

Wayne Carlisle: »Sharing home responsibilities. Women in dual-career marriages.« In: Carol Wolfe Konek/Sally L. Kitch (Hrsg.): *Woman and careers.* London 1994, S. 138–152

Ulrich und Ute Clement: »Doppelkarrieren. Familien- und Berufsorganisation von Dual Career Couples.« In: *Familiendynamik* 3 (2001), S. 253–274

Ulrich Clement: »Offene Rechnungen – Ausgleichsrituale in Paarbeziehungen.« In: Rosmarie. Welter-Enderlin/Bruno Hildenbrand (Hrsg.): *Rituale – Vielfalt in Alltag und Therapie.* Heidelberg 2002, S. 122–138

Elsbeth Freudenfeld: *Liebesstile, Liebeskomponenten und Bedingungen für Glück und Trennung bei deutschen und mexikanischen Paaren.* Tübingen 2000

John M. Gottmann: *Die 7 Geheimnisse der glücklichen Ehe.* München 2008

Elaine Hatfield/Jane Traupmann u.a.: »Equity and extramarital sexuality.« In: *Archives of Sexual Behavior* 7 (1979), S. 127–141. Elaine Hatfield/David Greenberger u.a.: »Equity and sexual satisfaction in recently married couples.« *Journal of Sex Research* 17 (1982), S. 18–32

Marion und Werner Tiki Küstenmacher: *Simplify your love. Gemeinsam einfacher und glücklicher leben.* Frankfurt/New York 2006

Doris Märtin: *Love Talk. Der neue Knigge für zwei.* Frankfurt/New York 2007

Marco von Münchhausen: *So zähmen Sie Ihren inneren Schweinehund! Vom ärgsten Feind zum besten Freund.* Frankfurt/New York 2002

Marco von Münchhausen: *Gut und richtig leben mit dem inneren Schweinehund. Das Wertebrevier für den Alltag.* Frankfurt/New York 2008

Rita Pohle: *Weg damit! Die Liebe befreien.* München 2004

Dirk Revenstorf: *Die geheimen Mechanismen der Liebe. Sieben Regeln für eine glückliche Beziehung.* Stuttgart 2008

Fritz Riemann: *Grundformen der Angst. Eine tiefenpsychologische Studie.* München 2006

Christian Thiel: *Was glückliche Paare richtig machen. Die wichtigsten Rezepte für eine erfüllte Partnerschaft.* Frankfurt/New York 2007

Mia von Waldenfels: *Du wie Du und Ich wie Ich. Das Buch für Paare, die sich lieben wollen.* München 2008

Nancy Wasserman Cocola: *Zu sechst im Bett. Wie Eltern und Schwiegereltern in jeder Ehe mitmischen.* München 2002

Jürg Willi: *Die Zweierbeziehung. Spannungsursachen, Störungsmuster, Klärungsprozesse, Lösungsmodelle.* Reinbek 2007

Christiane Zschirnt: *Keine Sorge, wird schon schiefgehen: Von der Erfahrung des Scheiterns – und der Kunst, damit umzugehen.* München 2007

Eva-Maria Zurhorst: *Liebe Dich selbst und es ist egal, wen Du heiratest.* München 2007

Coaching

Dr. Marco von Münchhausen bietet individuelles und kontextbezogenes Premium-Coaching für Führungskräfte und »Chefs in eigener Sache«. Kompetent, klar und nachhaltig, vor allem zu folgenden Themen:

- Persönliche Strategie: Lebensplanung, Karriereplanung, Träume verwirklichen.
- Krisenmanagement und Changeprozesse: berufliche wie private Veränderungen meistern, innere Konflikte klären.
- Individuelle Potenzialentwicklung: Talente, Fähigkeiten, Leidenschaften.
- Neuorientierung: die Herausforderungen jedes Lebensabschnitts annehmen.
- Balance von Berufs- und Privatleben: inneres Auftanken und Ressourcenmanagement.
- Umsetzungs-Coaching: den inneren Schweinehund an die Hand nehmen und persönliche Ziele Realität werden lassen.
- Kommunikation: verstehen und verstanden werden, Konfliktsituationen besser meistern.
- Und vor allem zur Klärung der wichtigsten Frage: Was will ich wirklich in meinem Berufs- und Privatleben?

Informationen – auch zu Vorträgen und Seminaren – unter
www.vonmuenchhausen.de.